코리아를 사랑한 사람들

코리아를 사랑한 사람들

송태남 수필집

月刊文學 출판부

머리말

서울특별시 공무원으로 34년을 근속하고 정년을 맞아 퇴임하였다. 퇴임 후 문학 강좌에 나가 시조와 수필 쓰기를 공부하고 여러 문학단체에 가입하여 문학 활동도 열심히 하였다. 문학공부 10년의 첫 결과물로써 시조집 『별은 빛나고』를 출간한 바 있으며, 이번에 수필집 원고로 그동안 여러 문학지와 동인지에 기고했던 작품 등 64편을 모아 상재하였다.

수필 내용은 필자가 어린 시절 고향에서 경험했던 일들과 공직 수행 과정에서 겪었던 일들, 국내외 여행 중에 체험하고 생각한 내용들을 담았다. 그리고 다소 칼럼적 요소가 있기는 하지만 역사적 사건이나 시사문제들에 대한 필자의 생각과 인식을 써서 포함시켰다.

수필은 사실에 입각한 체험 문학이라 한다. 그러므로 다른 문학 어느 장르보다 글의 진실성이 요구된다 할 것이다. 사실에 근거하여 과장되지 않도록 진솔하게 쓰려 노력하였으며, 또한 필자의 신변잡기나 늘어놓는 글이 되지 않았는지 늘 염려하고 되짚어 보면서 써나갔다.

필자는 이 시대 대한민국에 태어나서 크게 성공적인 삶을 살았다고 말할 수는 없으나 나름대로 열심히 그리고 성실히 살려고 노력했노라 자부하고 싶다. 그리고 우리 자유 대한민국을 사랑했고 조국통일을 열망하며 살아왔다. 작품 속에서 필자의 이러한 인생관과 국가관의 향기가 조금만이라도 풍겨주어 독자의 공감을 얻을 수 있으면 좋겠다는 욕심을 부려 본다.

끝으로 필자의 졸작을 흔쾌히 출판해 주신 월간문학 출판부 관계자 여러분에게 감사하다는 인사말씀을 드립니다. 그리고 수필 속에 등장하는 지인들뿐만 아니라 필자의 인생 여정 굽이굽이마다 나타나서 함께 걸어 주고 희로애락을 함께해 주신 분들께도 마음속 깊이 고맙고 감사하다는 인사말씀을 올립니다.

2018. 12.

동천 송태남

contents_ 코리아를 사랑한 사람들

코리아를
사랑한
사람들

부부 동반 음악회

2015년은 우리나라 광복 70주년이 되는 해이며 또한 남북 분단 70주년이 되는 해이기도 하였다. 광복 70주년을 기념하기 위하여 베세토오페라단은 세종문화회관에서 대한민국 통일 기원 음악제를 열었다. 작년 이 음악제에 우리 교회 남선교회 회원들이 초청을 받아 여섯 쌍의 부부 회원이 참석하였다. 물론 우리 부부도 기쁜 마음으로 공연에 참석하였다.

세종문화회관 대강당은 나에게는 매우 친숙한 공간이었다. 서울시청에 재직할 때는 매월 한 번씩 전 직원 조회가 세종문화회관 대강당에서 열렸으므로 참석할 수 있었고, 회관 개관 공연 때는 우리 부부는 물론 두 딸들까지 입장 티켓을 구하여 관람하였다. 기독교계의 찬송가 경연대회와 명성교회가 주체한 헨델의 메시아 공연 때도 우리 가족 모두가 참여하여 큰 은혜를 받은 기억이 생생하다. 특히 찬송가 경연대회 때는 우리 김숙희 권사가 합창단원으로 출연하였고, 할렐루야 합창 공연 때는 우리 큰딸 은혜가 합창대원으로 출연하였다.

통일 기원 음악제의 공연 프로그램은 〈나부코〉, 〈백범 김구와 윤봉길〉 두 개의 오페라와 〈코리아 환타지〉 등 한 개의 합창곡이었다. 통일을 열망하고 애국심을 고취할 수 있는 좋은 프로그램이었다.

첫 공연 프로그램 오페라 〈나부코〉 중 히브리 노예들의 합창은 내가 평소에 좋아하여 자주 듣고 감상하던 곡이어서 좋았다. 특히 이 합창은 이탈리아가 한 나라로 통일되기 전까지 이탈리아 사람들이 모일 때마다 자기 나라 국가(國歌)처럼 부르면서 눈물을 글썽이며 그들 조국의 통일을 열망하였다고 한다. 두 번째 프로그램 〈백범 김구와 윤봉길〉은 우리나라 창작 오페라로 크게 감동을 주지는 못한 것 같아 아쉬웠다. 박수갈채가 열렬하지 못하였다. 마지막 프로그램 〈코리아환타지〉 합창곡에서 애국가가 합창될 때는 모두가 함께 기립하여 따라 불렀다. 가슴이 뭉클하고 너무 감격스러워 눈물이 날 지경이었다.

작년에 이어 우리 남선교회 회원들은 금년에도 예술의전당 오페라 축제에 초청을 받았다. 우리를 직접 초청해 주신 김 집사님은 베세토 오페라단 음악 총감독이며 우리 남선교회 회원이다. 집사님은 베세토 오페라단의 출연 공연이 있을 때마다 클래식음악을 좋아하는 우리 회원들을 계속 초청해 주시겠다고 약속해 주셨다.

오늘 예술의전당 오페라축제에 우리가 초청받아 관람한 오페라는 〈리골레토〉였다. 쥬세퍼 베르디의 작품인 〈리골레토〉는 모든 사람들이 좋아하고 자주 공연무대에 올려진 유명한 오페라다.

우리 부부는 공연이 시작되기 30분 전까지 여유 있게 도착하였다. 시간이 가까워지자 공연 관람객들이 물밀 듯 모여 들었다. 우리 남선교회 회원들도 몇 쌍이 정장으로 한껏 멋을 내고 공연장 로비로 모여들었다. 환한 얼굴로 서로 악수를 나누고 환영과 축하의 인사말을 나누었다. 작년에 이어 두 번째 부부 동반 음악회이므로 부인들끼리도 서로 반가운 듯 친절하게 인사를 나누었다.

공연장 입장 시간이 가까워지자 정화영 집사님 발길이 바빠졌다. 집사님은 우리 회원들에게 공연 초청 사실을 알려 주고, 참석 희망자를 미리 파악하며, 필요한 초청장을 미리 확보하는 등 단체 공연 관람 메이커 역할을 열심히 하신 분이다. 오늘도 참석자를 파악하고 초청해 주신 집사님을 찾아가 입장 티켓을 받아와 나누어 주고, 좌석을 안내하는 등 혼자 바쁘게 움직이셨다.

우리 회원들은 모두 공연장 2층으로 안내되었다. 관람석이 모두 2층에 배치되어 있었다. 티켓에서 각자 좌석번호를 확인하고 자기 좌석을 찾아갔다. 어떤 분은 안내원에게 티켓을 보여 주며 좌석까지 정중한 안내를 받기도 하였다.

공연 시간이 되자 공연 단원들이 입장하기 시작했다. 열기가 달아오르고 관람객 모두가 기립하여 박수를 치기 시작하였다. 박수는 지휘자가 입장하자 더 맹렬했으며 지휘석에 섰을 때 멈추었다. 곧바로 공연은 시작되었다. 그러나 2층 관람석은 비어 있는 좌석이 꽤 많았고, 1층에도 여기저기 빈 좌석이 눈에 띄었다. 공연이 시작되었는데도 열심히 왔다 갔다 하시던 정 집사님은 눈에 보이질 않았다.

인터미션 시간에 회원들은 잠시 로비로 모여 들었다. 2층 공연장에는 없었던 정 집사님도 나타났다. 어떤 분은 바삐 화장실로 달려가고, 어느 분은 공연에 많이 도취된 듯 상기된 얼굴로 커피를 뽑아 마셨다. 그리고 다시 공연 시작 시간에 맞춰 모두 공연장 안으로 되돌아갔다.

공연은 2시간 30분 동안 계속되었다. 오늘 공연에서 3막 만토바 공작이 부르는 〈여자의 마음은 갈대〉 아리아가 압권이었다. 박수갈채가 가장 열렬했다. 공연 프로그램을 보니 데이비드 소츄가 불렀다.

오늘 공연된 〈리골레토〉 오페라가 훨씬 유명하고 대중적이지만 작년 통일 기원 음악축제의 열기만은 못한 것 같았다. 광복 70주년, 남북분단 70주년을 맞아 남북통일을 열망하는 우리 국민들의 애국심과 염원이 그만치 강하게 반영된 결과일 것이란 생각이 들었다.

150분 공연은 끝나고, 우리 부부는 천천히 2층 공연장을 빠져나왔다. 비좁은 엘리베이터 대신 계단을 서서히 걸어 로비로 내려왔다. 무엇이 그리 바쁜지 관람 인파는 공연장 밖으로 빠르게 빠져나갔다. 로비를 떠나기에 앞서 고개를 돌려 혹시 우리 회원 중 누구라도 기다리지는 않나 홀 쪽을 훑어보았다. 아무도 없었다. 축하 꽃다발을 건넬 만한 공연 단원도 없었다. 박수 소리 여운만이 잔잔히 귀가에 맴돌 뿐, 차 한 잔 나누며 감흥을 함께 즐길 여유는 없는 것 같았다.

앞으로 부부 동반 음악회는 초청 티켓에 만족하지 말고 한 달에 한 번 정도 자주 가졌으면 좋겠고, 공연 관람을 마친 후 티타임 같은 별도 모임을 가진다면 훨씬 멋지고 추억에 남을 음악회가 될 것이란 생각이 들었다. 어쨌든, 오늘 밤도 즐거웠고, 달콤한 꿈을 꿀 것만 같았다.

강강술래

우리 민족의 가장 큰 명절은 설과 추석일 것이다. 설은 추위가 아직 덜 풀려서 사람들 활동하는 데 위축되어 있지만 추석은 덥지도 않고 춥지도 않아서 활동하는 데 가장 좋다. 추석은 설날에 비하여 먹을 것도 풍성하여 더욱 좋다. 그래서 나는 설보다는 추석을 더 좋아하고 추석에 대한 추억을 더 많이 간직하고 살아간다.

금년 추석은 쌀농사가 풍년이 들어서 우선 마음이 평안하다. 사과 배 감 밤 포도 등 가을 과일이 상점마다 가득가득 쌓여 있고 산골마다 지천으로 널려 있다. 풍요로운 추석이다. 남·북한 간 이산가족 만남의 행사도 추석 전에 무사히 마쳤고, 고향 가는 길도 막힘이 없이 시원스럽다.

올 추석에도 2천만 명 이상이 대이동을 하면서 고향을 찾아갈 것이라고 한다. 그들이 참 부럽다. 나에게는 고향은 있어도 고향으로 찾아가야 할 부모님이나 일가친척도 없다. 예년과 같이 서울에 사시는 큰형님 집에 가서 추석을 보낼 계획이다. 나의 고향, 지난날의 옛 이야기는 지금, 잔잔한 호수 밑에서 꿈을 꾸고 있다.

추석 하면 우선 떠오르는 단어가 고향이다. 고향은 부모님이 계셨고 내가 태어난 곳이다. 고향은 우리 인간이 운명적으로 돌아가고 싶어 하는 본향, 에덴 같은 곳이다.

나는 고향 마을에 댐이 건설되어 호수가 생기기 전 중학교 때까지 시골에서 살았다. 그때 시골 추석의 모습은 지금과는 많이 달랐다. 상점에 쌓인 과일 대신 누런 벼들로 금빛 일렁이는 논과 고구마 땅콩하며 콩밭에 수수가 익어 가는 풍요로운 모습이 농촌의 추석 풍경이었다. 송편 대신, 덜 익은 벼를 쪄서 만든 올벼쌀을 주머니에 담고 다니면서 맛있게 먹었던 기억이 난다.

하루에 한 번 들어오는 버스는 추석 전날 해질 무렵이면 마을 앞 신작로에 멈추어 서서, 서울에서 추석을 쇠러 오시는 형님을 내려놓곤 하였다. 코르덴 양복하며 날씬한 우산 등 서울 형님이 가져다 준 추석 선물은 그때 시골에는 없는 나만이 가지고 있는 자랑거리였다.

추석날, 꽹과리 장구 징 등 농악 놀이패들은 온종일 마을 집집을 돌며 야단법석 액운을 쫓아내고 안녕을 기원했다. 모든 마을 청장년은 고깔머리에 빨강 파랑 어깨띠 두르고 소고 치며 농악놀이에 참여하였다. 가난한 집에도 서운치 않게, 부잣집에서는 긴 시간 신나게 놀아주니 내놓은 음식도 풍성하고 넉넉하였다.

추석날 밤, 뒷동산에 보름달이 환하게 떠오르면 마을 여인네들의 강강술래 놀이가 시작되었다. 동산 기슭, 마당 넓은 집이 늘 강강술래 놀이터였다. 돌담과 지붕 위엔 호박넝쿨 박 넝쿨이 무성하고, 호박꽃 박꽃은 달빛처럼 부드럽고 하얀 웃음을 웃고 있었다. 용산댁, 덕산댁 젊은 아줌마, 애순이, 순덕이 앞뒷집 댕기머리 누나들, 마을 여인네들은 다 모여들었다. 치마저고리 곱게 차려입고 손에 손을 맞잡아서 빙빙 원을 그려 뛰놀았다. 강강술래, 강강술래 선창자의 휘몰이 빠른 노래 가락엔 빠르게 뛰다가도, 느릿느릿 구성진 노래 가락엔 앞뒤로 흔들흔들 잰 걸음을 걷기도 하였다. 강강술래 강강술래, 강강술래 노래 가락이 밤늦도록 가까이에서는 흥겨웠고 멀리서는 아스라이 달빛 따라 온 마을로 퍼져나갔다.

우리는 그때 초등학교 3, 4학년의 짓궂은 장난꾸러기들이었다. 강강술래 놀이로 뛰노는 누나들 사이로 드나들며 덩달아 신나게 놀았다. 신나게 놀다가도 무슨 심보가 발동했던지 흙먼지를 호박잎에 싸서 누나들 머리 위로 내던지고 도망치곤 하였다. 도망치다 붙잡혀서 "야, 이 잡놈아! 이것을 그냥!" 박꽃처럼 예쁜 누나에게 눈총 맞으며 야단맞던 일들이 생각난다.

고향을 떠난 지 어언 50여 년이 흘렀다. 그 후 그 누나들을 한 사람도 만나 보지 못했다. 이름도 얼굴도 잘 기억나지 않는다. 달덩이처럼 곱던 얼굴들 지금은 다 어떻게 변했을까! 지금 세상에 몇 명이나 살아 있을 것인가!

고향의 부모님도 오래 전에 세상을 떠나셨다. 추석이 오면, 달밤에 댕기머리 흔들며 강강술래하던 그 아리따운 누나들 하며 가시내들이 보고 싶어진다. 지금은 내 어린 날의 추억과 흔적들을 송두리째 삼켜버리고 짙푸른 물로 충만한 호수, 그 수평선 위로 징! 징! 징! 농악 소리만이 아련히 들여오는 듯하다.

* 잔잔한 호수: 1975년 다도면 일대 마을과 들판이 대초댐 건설로 나주호가 되었음.

똑똑한 여자

오스트리아 빈 시내에 있는 스피텔라우 소각장 시찰을 마친 우리 시찰단은 해질 무렵 스위스 루체른으로 가는 열차를 탔다. 침대가 있는 야간 열차는 오스트리아와 스위스를 횡단하는 국제열차로, 루체른까지 동북부 알프스 산악지대를 통과하여 10시간 이상을 달릴 것이라고 우리 안내원은 말했다.

2천년 역사를 지닌 깨끗하고 아름다운 도시 빈은 20세기 초까지 유럽을 지배한 합스부르크 왕국의 수도였다. 베토벤과 요한 슈트라우스, 모차르트 슈베르트 등 기라성 같은 음악가들이 잠들어 있는 음악의 도시다. 세계 3대 오페라하우스가 있는 빈의 음악당에서 멋진 클래식 한 곡 못 듣고 떠난다는 것은 무척이나 아쉽고 섭섭하였다. 그러나 공무 중이라 어쩔 수 없었다.

빈 도나우 강가를 드라이브하며 들었던 아름답고 푸른 도나우강의 선율, 정원이 너무 아름다운 쇤브룬궁이 눈에 아른거렸다. 사랑하는 연인을 두고 영영 떠나야 하는 것 같은 아쉬움과 섭섭함이 가슴을 아리게 했다.

열차에 올라타서 두 사람이 투숙할 수 있는 침대칸을 배정받았다. 막 짐을 풀고 손발을 씻고 있을 때 연락이 왔다. 레스토랑 카페로 모이라는 것이다. 열차 식당 칸에 도착했을 때 벌써 몇 사람이 와서 차를 마시며 대화를 나누고 있었다. 문정동 올림픽패밀리아파트에서 오신 분은 미리 준비해 온 서울올림픽 기념배지를 열차 승무원들에게 나누어 주면서 꽤나 큰 소리로 대화를 주고받으며 떠들고 있었다. 그 분은 여행 분위기를 즐겁게 하기 위하여 일부러 회화 실력을 과시하는 재미있는 분이었다. 나는 그분들과 적당히 어울리면서 그분들의 의견도 듣고 여행 스케줄을 논의하다가 자정이 넘어서 침실로 돌아왔다. 그리고 잠을 자려고 애를 쓰고 있었다.

열차는 몇 시간을 쉬지 않고 줄기차게 달렸다. 달밤이긴 하지만 열차는 지금 어디를 달리는지 알 수 없었다. 현재 시간으로 봐서 아직 오스트리아를 벗어나지 못하고 알프스의 어느 산골을 달리고 있는 것 같았다.

새벽 3시가 조금 넘어 잠이 겨우 들 만할 때였다. 갑자기 기차가 출렁거리며 멈추는 것 같았다. 역이면 가로등이나 역 건물의 전깃불이 보일 터인데 불빛이 보이지 않았다. 내리는 손님도 없는 것 같고, 틀림없이 사고가 난 것이다. 열차 사고 아니면 철로 사고가 틀림없을 것 같았다. 좁은 통로로 급히 뛰어 다니는 구두 발자국 소리와 급히 방문을 여닫는 소리가 시끄럽게 들려왔다. 야간열차에서 쫓고 쫓기는 첩보 영화의 한 장면이 머리를 스치고 지나갔다.

'알프스의 어느 산골 같은데, 도대체 무슨 일이 벌어졌단 말인가!'

내가 답답해하던 차에 여행사 가이드가 와서 소식을 알려 주었다. 어느 승객이 비상 레버를 잡아당겨서 열차를 급정지시켰다는 것이다. 지금 승무원들이 방마다 문을 열고 그 승객을 찾고 있다는 것이다. 우리 방에도 2층 침대 머리맡에 60cm 정도 되는 빨간색 레버와 그 옆 벽에는 이용안내 문자가 빽빽이 외국어로 쓰여 있는 것이 보였다.

열차가 멈춘 후 20여 분이 지나자 가이드가 황급히 우리 침실 문을 두드렸다. 우리 시찰단원 중 여자 한 분이 그 비상 레버를 당겼다는 것이다. 장지동 모 아파트 동 대표인 40대, 다소 젊다 할 수 있는 아주머니였다. 특별한 이유 없이 그냥 궁금하고 호기심이 발동하여 레버를 당겼다는 것이다.

'아니 장지동 그 아주머니는 아주 똑똑한 여성이 아닌가! 혼자서 대전까지 가서 소각장을 보고 오고, 어제 빈 스피텔라우 소각장 시찰 때도 맨 앞장서서 현장 브리핑을 한 그 독일 기술자를 상대로 질문 공세를 퍼부어 나를 근심되게 했던 그 여자가 아닌가! 어찌 그 똑똑한 여자가 그런 실수를 한단 말인가! 한국 여성은 참으로 똑똑하고 열정이 넘쳐!' 나는 우리 시찰단원의 한 사람인 그 똑똑한 여자의 실수에 당황하거나 걱정이 되지 않았다. 오히려 내 입가에 미소가 번져가는 것을 느낄 수 있었다.

사고 수습을 위하여 현장으로 가려 하자 가이드가 갈 필요 없다고 말렸다. 아주머니 본인이 상당한 액수의 과태료를 부담하고 수습을 했으니 내일 위로나 해주면 된다는 것이다. 과태료 정도는 예산에서 부담하여 주어도 되고, 이 사건을 통하여 소각장 유치업무 추진에 나를 그토록 근심되게 했던 그 아주머니의 기를 좀 꺾어 놓을 것 같은 생각이 내 머릿속을 스쳐갔다. 내일 아침 차에서 내려 가이드 말대로 위로나 해주는 것으로 이 사건을 마무리하기로 생각을 정리하고 다시 잠자리에 들었다.

기차는 다시 출발하였다.

알프스의 파란 밤하늘에서는 무수한 별빛이 쏟아지고 있었다.

새벽에 루체른에 도착한 우리는 아침 식사를 마치고 호숫가에 서서 잠시 휴식을 취하고 있었다. 아침 햇살은 호수에 아름답게 빛나고, 눈 덮인 알프스의 산정으로부터 불어오는 바람은 좀 차갑지만 신선했다.

루체른은 스위스 루체른 주의 주도다. 인구 7만의 아름답고 조용한 도시며 알프스를 횡단하여 이탈리아 밀라노로 가는 국제 고속도로의 출발 도시이기도 하다. 루체른에 있는 피어발트슈테터 호수는 사시사철 눈으로 뒤덮인 티틀리스 등 3000미터급 세 고봉으로부터 깨끗한 물을 받아들이고 있었다. 루체른의 상쾌한 아침 공기는 어젯밤 열차 여행의 피로감을 씻어 주기에 충분했고, 힘이 다시 솟아난 듯했다.

어젯밤 그 사건의 주인공 아주머니를 포함하여 세 명의 여자 분들은 다소 멋쩍은 듯 저만치 떨어져서 남자 분들과 눈을 마주치지 않으려고 지붕이 있는 다리 카펠교를 바라보고 있었다. 남자 단원들은 내 주위에 모여 대화를 나누면서 내게 다가와 한마디 씩 하셨다.

"그 똑똑한 여자는 어쩌다 그런 실수를 했담! 여자가 너무 똑똑해도 병이야!"

모두 어젯밤 사건에 대하여 말씀하시면서, 소각장 건설이 얼마나 어렵고 힘든 사업인지 이해할 것 같다며 나를 위로하였다.

우리는 그날 티틀리스를 등정했다. 그리고 이탈리아 국경 지역에 있는 휴양 도시 루가노를 향해 루체른을 떠나갔다. 스위스 지방 도시 루가노는 우리 송파구가 유치하고자 하는 열분해 방식 소각장이 운용되고 있었다. 동화 속 마을을 연상시키는 루체른은 참으로 아름다운 도시였다.

코리아를 사랑한 사람들

미국 감리교 선교사 켄드릭은 내 목숨이 천 개라면 이 모두를 한국을 위하여 바치겠다고 말씀하셨다. 내 조국 코리아를 한국인보다 더 뜨겁게 사랑한 사람들, 지금 이분들은 옛 양화진, 한강변 언덕 위에 누우셔서 대한민국의 파란 밤하늘마저 사랑하고 계신다. 나는 늦게나마 이분들을 찾아뵙고, 존경과 감사의 큰 꽃다발을 바치고 싶었다.

서울의 지도를 펼쳐 놓고 외국인 묘지를 찾아보았다. 양화대교 북단 양화교차로 바로 옆에 외인 묘지란 표시가 있었다. 검정 양복에 검정 구두, 화려하지 않는 넥타이로 참배 복장을 갖춰 입고 집을 나섰다. 지하철을 몇 번 갈아타고 2호선 합정역에서 내렸다. 3번 출구로 나와 당산철교 옆 도로를 따라서 300미터쯤 걸어가니 해발 50미터도 안 되는 야트막한 야산이 나타났다. 얼마 전까지 외인 묘지라 불렀으나 기독교 교계에서 관리하면서 외국인 선교사 묘원으로 명칭을 바꾸어 부르고, 최근 나온 지도책에도 그렇게 표기가 되어 있었다.

묘원 꼭대기 높은 곳에 올라가 한강 쪽을 바라다보았다. 한강 건너 저 멀리 양화동 지역엔 무수히 많은 아파트들이 숲을 이루었고, 그보다 약간 동쪽에는 여의도 고층 건물들에 둘러싸인 63빌딩이 황금빛으로 빛나고 있었다. 당산철교 동쪽 200미터쯤엔 절두산 순교박물관 건물이 눈에 보였다. 한강물은 유유히 흐르는데 100여 년 전 프랑스 함대가 정박했었다는 양화나루의 흔적은 찾을 수 없었다.

현재 이곳의 행정구역은 마포구 합정동이고 지번은 144번지이다. 이곳 묘원에는 15개국 417명의 외국인이 안장되어 있고, 이중 145명이 조선말기 한국에 와서 복음을 전하고 선교하다가 돌아가신 선교사들이다. 이곳이 외국인의 묘지가 된 것은 제2대 제중원 원장 헤론이 죽어서 이곳에 묻히면서부터라고 한다.

현재 이곳 묘원은 한국기독교 100주년 기념재단이 기념교회를 세워 전체 묘원을 관리하고 있다. 참배 드릴 분들의 이름을 적은 쪽지를 들여다보면서 전체 묘원을 한 바퀴 쭉 돌아보았다.

제일 먼저 참배 드리고 싶은 분은 우리나라 독립을 위해 한평생 애쓰시다가 돌아가신 헐버트 박사님이시다. 박사님의 묘는 1구역 나열 9번째에 있었다. 크고 화려한 감사의 꽃다발을 박사님께 바치고 싶었는데 내 손에는 쪽지 한 장만 달랑 들려 있었다. 묘원 주변엔 꽃을 파는 꽃집이 없었다. 묘비 앞에서 죄송하고 민망하지만 빈손으로 두 손을 모아 고개를 숙였다.

역사의 눈을 110년 전 한성으로 돌려, 쓰러져 가는 조선왕조를 붙들고 이리 뛰고 저리 뛰며 안타까워하는 벽안의 청년 헐버트의 모습을 그려 보았다. 내 가슴이 멍멍 해지고 감사와 감격의 눈물이 자꾸 쏟아지려 하였다. 미국 버몬트 주 뉴헤이븐에서 출생한 헐버트는 1886년 23세의 나이에 육영공원의 영어 교사로 초빙되어 조선 땅을 밟으셨다. 우리 한글 읽기를 4일 만에 깨우쳤다는 헐버트는 『사민필지』라는 순한글판 천문 지리 교과서를 만들어 보급하고, 한글 띄어쓰기를 주장하고 가르쳤다. YMCA를 창설하여 청년운동을 발전시키고, 『대한제국멸망사』라는 방대한 한국역사서를 저술하여 우리 역사를 세계에 알리기도

하셨다.

헐버트는 교사와 선교사로서 사역보다는 한국의 독립을 위해 일생을 바친 한국의 독립 운동가셨다. 존스 게일 언더우드 등 젊은 선교사들과 교대로 궁궐에 들어가 고립무원의 고종황제를 호위하고 지켰다. 을사보호조약의 부당함을 호소하려 미국으로 건너가 루즈벨트 대통령을 찾았으나 거절당하였다. 다시 한국으로 되돌아와 헤이그 만국평화회의에 밀사를 파견하도록 고종에게 건의하고, 본인이 직접 헤이그로 가서 밀사를 지원하며 도왔다. 그분은 일제의 압박과 미 본국의 소환으로 어쩔 수 없이 미국으로 돌아갔으나, 평생을 한국의 독립운동을 돕고 지원하셨다.

1945년 그분이 그토록 열망했던 한국의 독립기회가 세계2차대전의 종전과 함께 홀연히 찾아왔다. 그리고 1949년, 이승만 대통령의 초청으로 8·15광복절 행사에 참석하기 위하여 꿈에도 그리던 한국 땅을 밟으셨다. 그러나 안타깝게도 96세의 고령을 이기지 못하시고, 그만 한국 땅에서 운명하셨다. 박사님은 "나는 웨스트민스터 사원에 묻히기보다 한국 땅에 묻히기를 원한다."라고 평소 유언하셨다는데, 박사님의 소원이 그분의 시신이 이곳 외국인 선교사 묘원에 묻히심으로서 이루어진 것이다. 우리 대한민국은 그분에게 독립유공자 건국훈장과 2014년에는 금관문화훈장을 추서하였다.

켄드릭의 묘는 1구역 나열 6번째에 있었다. 그녀는 1907년 24세의 처녀의 몸으로 미국 감리교의 선교사로 한국에 왔다. 그리고 한국에 온지 9개월 만에 본격적인 선교사역을 해 보지도 못하고 병에 걸려 세브란스 병상에서 죽어 갔다. 죽어 가면서까지 "텍사스 청년들이여! 내가 죽거든 10명, 20명, 50명씩 한국으로 건너와 한국을 위해 봉사하라!"라고 유언하였다. 그녀 사망 후 그를 후원한 텍사스 청년회에 보낸 또 한

통의 편지가 발견되었다. 그 편지 속에 "내 목숨이 천 개라면 그 모두를 한국을 위해 바칠 것이다."라고 써 있었다고 한다. 감동적인 한국 사랑에 가슴이 뭉클해진다.

양화진 묘원의 첫 번째 안장자 헤론은 1구역 아열 15번째에 있었다. 영국 출신 헤론은 1885년 29세의 나이로 미국 북장로교회의 선교사로 한국에 왔다. 그는 알렌의 뒤를 이어 2대 제중원장에 취임하여 서양의 뛰어난 의술을 선보였다. 양반과 평민을 가리지 않고 물밀 듯 몰려드는 환자를 보살피며 밤낮을 가리지 않고 치료에 매달렸다. 헤론은 자기 몸을 돌보지 않고 지나치게 일에 몰두한 나머지 한국에 온 지 5년 1개월 만에 그만 이질에 걸려 죽고 말았다. 헤론은 미국 최고 의과대학을 나와 20대에 벌써 본교 대학 교수로 초빙될 만큼 유능하고 촉망받는 인재였는데 젊은 날에 머나먼 조선 땅에 와서 봉사하다가 조선 땅에서 산화한 것이다.

우리나라 감리교 첫 선교사며 정동교회와 배재학당을 창립한 아펜젤러는 1902년 44세를 일기로 성경 번역 회의 참석차 배를 타고 목포로 가시다가 서해 어청도 부근에서 배가 조난을 당해 순직하셨다. 아펜젤러와 함께 같은 배를 타고 재물포항에 도착했던 언더우드는 우리말 성경 번역과 새문안교회를 창립하고 연세대학교와 세브란스병원을 세우는 등 수많은 업적을 남기신 분이시다. 언더우드가는 대를 이어 지금까지 우리나라를 위해 봉사해 오고 있는데 그분들의 가족묘는 제2구역에 조성되어 있었다.

이화학당 설립자 스크랜턴은 53살이란 다소 늦은 나이에 한국에 온 최초의 여성 선교사였다. 1885년 6월 의사인 아들 내외와 손녀까지 대동하고 내한한 여사는 이화여대뿐만 아니라 수원 매향여자중고등학교 등 지방에 수많은 여학교를 세워 여성교육과 여권신장에 진력하셨다.

아현동교회 동대문교회 상동교회 등 수많은 교회를 세워 우리 민족 복음화에 힘쓰셨다. 스크랜턴 大夫人은 1909년 한국에 오셔서 봉사한 지 25년째 되는 해에 77세를 일기로 세상을 떠나셨다. 대부인의 유해가 양화진 묘지로 향할 때에는 운구를 따르는 백성의 숫자가 수천 명 20리 길에 이르렀다고 전해지고 있으니, 당시 한국 사람들이 얼마나 그분을 존경하고 사랑했는지를 알 수 있는 것이다. 스크랜턴의 묘는 1구역 사열 7번째에 있었다.

오늘 일일이 다 참배 드리지 못한 140여 분의 선교사님들에게는 말할 수 없이 송구스럽고 죄송하다. 이 분들도 오늘 참배 드린 분들만큼 두드러진 업적이 없을지는 모르지만 이 땅에 와서 아무런 대가 없이 목숨까지 바쳐 가며 우리 민족을 뜨겁게 사랑하며 봉사했던 사실은 누구도 부인할 수 없을 것이다.

또한, 여기 양화진에 누워계신 분들뿐만 아니라 우리나라 해방 전후 2952명의 선교사들이 내한하여 이 땅 지방 곳곳을 누비며 교회와 학교를 건립하고 병원을 세워서 양반에서 평민에 이르기까지 신식 교육을 실시하고, 한글을 보급하며, 병을 치료하셨는데 우리는 이분들에 대해서도 감사하고 고마운 마음을 잊지 않아야 한다는 생각이 들었다. 비행기도 이 세상에 존재하지 않았던 조선 말, 수많은 벽안의 청년들이 수만리 태평양을 건너와, 무지한 이 땅 곳곳을 누비며, 코리아라는 나라와 문화를 사랑하고 한국인보다 더 한국인을 뜨겁게 사랑했던 사람들, 오늘을 사는 우리 후손들은 이 분들에게 한없는 존경과 감사의 꽃다발을 바쳐야 할 것이다.

나도 젊은 날엔 이분들과 같이 봉사를 하면서 살리라 꿈을 꾸었건만 평범한 삶에 안주하다보니 사랑과 열정의 꽃을 피우지 못하고 기회를 놓치고 말았다. 켄드릭은 그녀 목숨이 천 개라면 그 모두를 한국을 위해 다 바치겠다고 했는데 나는 반에 반평생만이라도 우리나라를 위해 바쳤으면 여한이 없겠다는 생각이 들었다. 봉사도 젊은 날에 할 수 있을 때 해야 한다는 것이 진리인 것 같았다.

이상한 면접 시험관

2005년 12월 어느 날 서초동 우면산 산자락에 자리 잡은 서울시공무원교육원에서는 공무원 임용 면접시험이 치러지고 있었다. 내가 면접 시험관으로 시험장에 도착했을 때는 북쪽 산등성이를 넘어 불어온 바람이 제법 쌀쌀한데, 벌써 많은 수험자들이 생활관 3층 복도와 연결된 건물 밖 도로에까지 두 줄로 쭉 줄을 맞춰 서 있었다.

요즈음 공무원 되기가 하늘의 별 따기만큼 어렵다고 한다. 이번 서울시에서 7, 9급 공무원 1,031명을 뽑는데 무려 11만4천여 명이 원서를 냈다고 한다. 경쟁률이 110대1이 넘는다. 적어도 필기시험에 합격하여져 합격자의 줄에 서 있기 위해서는 11만 명 중 1등을 하여야 한다. 너무 오랫동안 시험 준비하고 고생해서 그런지 면접 시험실 앞에 줄을 서서 차례를 기다리는 그들의 모습은 승자로서 당당함보다는 지쳐 보여서 안쓰러웠다.

시험장은 교육원 생활관 3층 복도를 따라 양쪽으로 배치되어 있는 8개의 분임토의실이 이용되고 있었다. 각 시험실에는 대형 테이블 하나와 출입문 쪽에 수험생이 앉을 수 있는 철재의자 하나, 맞은편에는 세 명의 면접 시험관이 앉을 수 있는 탁자가 배치되어 있었다. 각 시험관 탁자 위에는 응시자의 응시원서, 면접시험 평정표, 질문지와 필기도구가 가지런히 놓여 있었다.

정해진 시험시작 시각에 면접이 시작되어 한 시간 가까이 되었을 때 10여 명의 면접이 끝났다. 다음 차례로 키가 크고 후리후리한 잘생긴 청년이 시험실 문을 열고 들어왔다. 공손히 인사를 하고 자기 수험번호와 이름을 말한 후 중앙의 철재의자에 앉는다. 좌측에 있는 두 시험관이 차례로 몇 가지 질문을 하는 사이 나는 응시자의 응시원서를 유심히 훑어보고 있었다.

나는 이 응시자의 이력에서 '光州'와 '電子' 두 단어를 발견할 수 있었고, 그리고 이 두 단어에서 '비엔날레'와 '5.1채널'이란 용어를 연상해냈다. 내 뇌 속이 활성화되는 것을 느낄 수 있었다. 흥미 있는 질문이 될 것 같다. 금년에도 국제비엔날레가 열렸던 광주에서 대학 전자학과를 졸업한 청년이 9급 행정직 공무원 필기시험에 합격하여 오늘 면접시험을 보기 위하여 내 앞에 앉아 있는 것이다.

내가 회심의 미소를 머금고 질문하고 싶은 두 단어는 '비엔날레'와 '5.1채널'이다. 평소 내가 직장 동료나 부하 직원들에게 상식문제로 자주 질문해 오던 문제 하나와 내가 이해하지 못하여 매우 궁금해 하던 음향기기 스피커 채널 표시방법에 대하여 물어 보고 싶은 열망이 솟아오른 것이다.

드디어 내 질문 순서가 왔다.

"광주에서 전자학과를 졸업하셨네요. 금년에 광주에서 비엔날레가 열렸지요! 신문이나 방송에도 많이 나오고, 광주 시내에는 한 해 동안 온통 홍보물로 넘쳐났겠네요. 한 번 가보셨어요?"

"사실은 한 번도 못 가봤습니다."

"전자학과 나오신 분이 행정직 시험을 보셔야 하니까 그만큼 공부를 더 많이 해야겠지요. 3년 이상 학원에 다니면서 대비하셨다니까 이해가 갑니다."

그러나 응시자는 10여 년 전부터 자기 고장에서 열리는 국제 미술행사에 가보지 못한 것을 솔직히 고백하면서, 혹시 감점요인으로 작용하지 않을까 약간은 염려하는 기색이 젊은이의 얼굴을 스쳐갔다.

여기까지는 본 질문을 위한 분위기 조성용 예비 질문이고, 바로 묻고 싶은 첫 번째 질문을 시작했다.

"비엔날레가 무슨 뜻입니까? 왜? 광주 비엔날레, 광주 디자인 비엔날레라고 하지요?"

청년은 머뭇머뭇 얼른 답을 하지 못한다. 역시 예상대로다. 2년마다 열리는 미술행사, 비엔날레(biennale) 용어에 대하여 직장 동료나 부하 직원에게 물어 보면 의외로 대답을 못한 사람들이 많았다. 베네치아 비엔날레, 상파울로 비엔날레, 휘트니 비엔날레, 부산 비엔날레, 이천 세계도자 비엔날레 등 방송이나 신문의 문화면에서 매일 거론되는 미술행사 용어를 막연히 알고 있을 뿐 정확히 아는 사람은 의외로 적었다. 응시자는 당황하는 기색이 역력했다.

이제 나는 흥이 나서 두 번째 질문을 시작하였다. 사실 두 번째 질문은 시험관도 모르는 내용을 질문하는 것이니 질문이 아니라 물어 보는 것이라고 표현하는 것이 맞을 것 같다.

"음악을 좋아 하십니까? 대학을 전자학과 나오셨네요! 제가 잘 몰라서 그러는 데, 삼성 LG 소니 등 전자제품 회사에서 만들어 내는 홈시어터 등 음향기기 아시죠! 요즘 나오는 음향기기는 5.1채널이라고 하는데, 소리를 front 左·右, rear 左·右, center, 그리고 저음을 내주는 woofer 이렇게 6개의 스피커로 분리하여 보내주는 것을 말하는데, 자연 수 6채널이라고 표현하면 되었지, 5채널에 0.1채널이 왜 붙었습니까? 0.1채널이 무슨 뜻입니까?"

"……?"

서로 얼굴만 쳐다볼 뿐 어안이 벙벙하다.

옆에 있는 시험관도 5.1채널이란 용어는 처음 들어 본 눈치다. 5.1 채널의 표현은 음향기기 판매 점원이나 알 만한 여러 전문가에게 물어 봐도 시원하게 답변해 준 사람이 없었다. 그때까지 5.1채널이란 표기 이유를 이해할 수 없어서 늘 궁금해 하는 나에게 대학 전자학교를 나왔다는 이 응시자는 딱 걸려 든 것이다.

이렇게 하여 이 응시자는, 오늘 재수 없이, 이상하고 골치 아픈 시험관을 만나 면접 시험을 죽을 쑤고 말았다.

면접 시험은 필기 시험으로는 판별되지 않는 공무원으로서의 정신자세, 전문지식과 그 응용능력, 의사 발표의 정확성과 논리성, 예의 품행 및 성실성, 창의력 의지력 및 발전가능성 등 해당 직무수행에 필요한 능력과 적격성 검증에 있는 것이다. 오늘 시험관에게 배포된 평정표에도, 질문지에 예시된 질문을 하여, 답변을 하는 가운데 그 질문 내용을 알고 모르고와 관계없이 응시자의 정신자세 전문지식 성실성 등을 상중하로 평정하도록 되어 있었다. 다만 면접 시험 평정을 정확히 객관화하여 비교한 후 탈락시킬 자를 결정하기는 사실상 어려우므로, 탈락시켜야 할 대상으로 판단되는 응시자에게는 어려운 질문을 하여 본인으로 하여금 탈락을 예상하도록 하자는 데 세 시험관의 합의가 있었을 뿐이다.

오늘 나는 이 잘생긴 청년을 면접시험 평정 요소에 비춰 봐서 탈락시킬 사람도 아니고 탈락시킬 의사도 없으면서, 질문지에도 없는 난처한 질문을 퍼부어서 어렵게 만들고 말았다. 참으로 미안하고 안타까운 일이 벌어진 것이다.

나는 그 면접 시험 후 3년이 지난 2008년 어느 날, 그날도 그 응시자를 당황하게 만든 '5.1채널'이란 용어에 대하여 골똘히 생각하다가 갑자기 깨달음을 얻게 되었다. 5와 1 사이 점은 소수점이 아닌 5와 1을 구분짓는 가운데 점일 것이라는 것이다. 내가 왜? 진즉 이 생각을 못했을까! 처음부터 제품 만드는 회사에서 5+1 채널로 표시하든지, 5와 1사이에 분명하게 가운뎃점을 찍어 표시했더라면 소비자가 혼란을 격지 않아도 되었을 것을 하는 아쉬움이 남는다. 어떻든 이렇게 하여 나의 5.1 채널의 의문은 해소되었다.

그 응시자는 최종 합격자가 발표되기까지 자기는 떨어진 줄 알고 얼마나 애를 태웠을까! 지금 생각해도 미안하고 안쓰러운 마음이 든다. 다행히 그날 우리 팀에서는 3명의 시험 불참자가 있어서 면접자 중에서는 한 명도 탈락시키지 않고 다 합격시켰다. 그 응시자는 그 후 서울시 공무원으로 발령받아서 서울시 어느 부서에서 열심히 근무하고 있을 것이다. 지금 내가 만일, 그 청년의 이름이라도 기억할 수 있다면 그 공무원이 근무한 곳을 찾아내어, 서울시 공무원의 선배로서 따뜻한 차 한 잔 얻어 마시면서, 내가 그때 그 이상한 면접 시험관이었노라고 고백하면서 추억을 나눈다면 서로 껄껄껄 웃으면서 유쾌한 만남이 될 것 같은데….

자매결연

서울시와 시 산하 각 구(區) 지방자치단체들은 활발히 우리 농어촌과 자매결연은 맺어 교류를 추진하고 농어촌을 돕고자 하였다. 농촌에서는 품질 좋은 우리 농산물을 싼값으로 도시 주민에게 공급하고, 도시 주민은 외국산 대신 우리 농산물을 많이 이용함으로써 서로 돕자는 취지일 것이다.

송파구청은 1999년도 1월에 충청북도 단양군과 자매결연을 매졌다. 구청에서는 동과 면 단위까지 결연사업을 확대하기로 하였으며, 잠실4동은 그해 5월중 단양 단성면과 결연을 맺도록 결정해 주었다.

단성면은 면민의 숫자가 2000여 명에 불과한 규모가 아주 작은 면이지만 월악산 국립공원과 단양 8경 중 5경을 끼고 있는 산수가 매우 아름다운 지역이다. 평소에 가장 살고 싶다고 생각한 단성면과 결연을 맺게 되었으니 나는 뜻밖의 기쁨을 얻을 수 있었다.

1995년 새싹이 파릇파릇한 이른 봄, 집사람과 나는 충주에서 충주호 유람선을 타고 단양으로 가면서 관광한 적이 있었다. 그때 유람선에서 바라본 월악산의 풍광이 너무 아름답고 좋아서 탄성을 울렸던 기억이 생생하다. 특히 단양팔경에 속해 있는 구담봉과 옥순봉의 암벽과 암벽의 소나무가 어우러진 경치는 일품이었다. 그날 이후 수안보 온천에서 출발하여 월악산 송계계곡과 충주호반 36번 국도를 따라 단양까지가 나의 드라이브 코스가 되었으며, 충주호가 바라다 보이는 월악산 기슭에서 살았으면 좋겠다는 생각을 하고 있었던 것이다.

결연식은 5월 14일 단성면으로 가서 면사무소에서 거행하기로 하였다. 지역발전협의회, 통장단, 방위협의회, 새마을부녀회 등 10여 개 직능단체를 중심으로 주민대표단을 구성하여 관광버스로 이동하기로 하였다. 예정된 시간에 버스가 정확히 면사무소에 도착하자 미리 준비된 결연식장으로 안내되었다. 결연식장 정면 중앙에는 결연 경축 플래카드가 걸려 있고, 단상을 중심으로 ㄷ자 형태로 탁자가 배치되어 있었다.

식은 국민의례와 참석자 소개, 결연서 서명 교환, 선물 교환, 결연사와 축사 등 사전 준비된 대로 진행되있다. 단성면 측에서는 군의원과 경찰 지서장, 우체국장, 관내 학교장 등 기관장과 각종 직능단체 대표 등 100여 명이 참석하였다. 나와 단성면장이 결연사를 한 후 직능단체 대표 및 군의원이 축사를 하였다. 선물은 단성면에서 사육하는 원앙새 박제 한 쌍을 받았다.

식을 끝내고 면사무소 내외를 한 바퀴 순시한 후 오찬장으로 갔다. 오찬장은 충주호 장회나루에 있는 구담봉식당 이었다. 식당에서 바라다보는 구담봉과 금수산 제비봉으로 둘러싸인 충주호의 경관은 참으로 아름다웠다. 구성진 음악가락을 들으면서 접대받은 오찬도 맛과 격식이 있어서 좋았고 오래도록 기억에 남았다.

오찬이 끝나자 바로 장회나루 선착장으로 가서 미리 대기해 놓은 유람선을 타고 강선대와 구담봉 옥순봉 일대를 둘러보는 관광에 나섰다. 우리 대표단은 물론 단성면 대표단도 모두 승선하여 우리를 안내했다. 유람선 관광 안내원은 열심을 다해 단양팔경에 대하여 설명했고, 특히 강선대 위쪽의 관기 두향의 묘 앞을 지날 때는 음성에 감정까지 넣어가며 두향과 퇴계와의 사랑이야기를 소개했다.

이별이 하도 설워 잔 들고 슬피 우니
어느 듯 술 다하고 날마저 가는구나.
꽃 지고 새 우는 봄날을 어이할까 하노라

18세의 꽃다운 관기와 48세의 나이에 대 유학자요 지방수령인 단양 군수와의 애절한 사랑 이야기는 관광객의 관심을 끌 만한 좋은 이야기거리였다. 단양에서는 매년 5월초 두향제가 열린다고 한다. 사모관대 관복을 차려입은 근엄한 군수와 딸같이 어리고 아리따운 두향 두 사람이 강선대에 마주 앉아 거문고를 타고 시를 지어 읊어 가며 노는 모습이 눈에 선하다.

내가 만약 조선시대 지방관으로 이곳에 왔다면 오늘 부녀회 같은 주민대표 대신 관기 두향을 참석시켜 시중들게 하지 않았을까 하는 쓸데없는 생각과 상상을 해보았다.

1548년 명조 2년에 단양군수로 부임했던 퇴계는 9개월 만에 이웃 경상북도 풍기군수로 이임해 갔다. 앞의 두향의 시에 퇴계와 해어져야 하는 두향의 안타까운 심정이 잘 나타나 있다. 69세에 퇴계 선생이 생을 마감하자 두향이는 퇴계와 함께 노닐었던 강선대 아래에 시신을 묻어줄 것을 유언하고 물 속에 뛰어들어 죽고 말았다고 한다.

당초 강선대 아래에 있던 두향의 묘는 1985년에 충주댐이 완공되고 1990년부터 물이 묘에까지 차오르자 산 위쪽, 지금 묘가 있는 저곳으로 이장하였다고 한다.

40여 분에 걸쳐 유람선 관광이 끝나자 우리 대표단은 관광버스를 타고 면내 단양 팔경에 속한 하선암 중선암 상선암 등으로 안내되었다.

차 안에서 내 옆자리에 앉은 이호윤 면장은 자기가 여러 가지 약초를 활용하여 단양 특산 술을 개발하여 단양군 지역경제에 기여하였다고 자랑스럽게 본인의 치적을 소개했다. 또 농촌 인구가 자꾸 줄어 걱정이라며 산 좋고 물 좋은 단성면에 와서 사신다면 환영하겠고도 했다.

해질 무렵 결연식과 만찬, 관내 관광 등 공식 일정을 모두 마치고 귀경 준비를 서둘렀다. 각 직능단체나 주민대표들은 하루 동안 함께 밥 먹고 차 타고 관광하는 동안 벌써 끼리끼리 정이 든 모양이다. 서로 다시 오고 가자며 석별을 아쉬워했다.

면장은 자기가 들판을 지나가다 자연산 황기를 발견하여 손수 캔 귀한 것이니 다른 사람 주지 말고 닭백숙 할 때 넣어 드시라며 황기를 싼 커다란 종이봉투를 내게 건네 주었다. 그리고 우리 일행을 태운 관광버스가 출발하려 하자 갑자기 십여 개의 4각 물통을 차에 실어 주었다. 월악산 지하 암반 속에서 퍼올린 깨끗하고 맛좋은 생수란다. 서울 사람들 냉수 마시고 속 차리란 욕은 아닐 테고, 역시 시골 사신 분들은 순박한 것 같다.

결연식 후 우리 동에서는 직능단체별로 단성 관광을 몇 번 더 다녀왔다. 단양 특산물인 6쪽마늘을 실어다 직거래장터를 몇 번 열기도 했다. 열정을 다해 자기 고장 발전을 위해 애쓰시던 당시 면장은 몇 개월 뒤 퇴직하셨고, 나도 정년퇴직 후 몇 년이 흘렀다. 그때 우리가 열심을 가지고 추진했던 사업들이 지금까지 계속 되고 있어 기쁨과 보람을 느낀다.

각 지방자치단체마다 또는 지역별로 국내는 물론 외국 도시나 지역 주민끼리 자매결연이란 명칭으로 관계를 맺고 교류를 하는데, 일단 결연을 시작했으면 꾸준히 계속되어야 한다. 아무리 작은 단체 간의 결연이라도 몇 십, 몇 백 년 오랫동안 계속된다면 전통 있고 뜻있는 멋진 행사가 될 것이다.

결연사업을 함께 추진했던 공직자들과 여러 주민 대표들을 만나 보고 싶어진다. 내가 공직자로서 애정과 열정을 쏟아부었던 두 지역이 사람 살기 좋은 고장으로 크게 발전되고 아름다운 교류가 몇 십 년, 몇 백 년까지 계속되었으면 좋겠다.

소크라테스

파견 대장인 박 중사님은 나를 '소크라테스'라고 불렀다. 그분이 나를 소크라테스라고 부르는 이유는 내가 그분의 연애편지를 써주면서 인생이 어떻고 아가페 사랑과 에로스 사랑이 어쩌고저쩌고 등 다소 철학적(?)이라 할 수 있는 내용과 용어를 사용했기 때문이었을 것으로 생각된다.

마음씨 좋은 중사님은 취침 점호를 치시면서 긴장된 점호 분위기를 완화시키기 위하여 내 앞에 오시면 지휘봉으로 제 배를 가볍게 찌르면서 "야, 소크라테스!" 이렇게 불렀다. 특별히 우스운 말도 아닌데 이때 누군가는 킥킥 웃고, 또 다른 몇 사람이 소리 내어 따라 웃어주면서 중사님의 말씀에 맞장구를 쳐서 점호 분위기를 부드럽고 밝게 전환시키곤 하였다. 나는 이 별명이 싫지 않았다. 용곡잡놈, 쌩영감, 요강, 소크라테스 등 여러 별명 중 고대 그리스 철학자 소크라테스는 얼마나 고상한 별명인가! 그리고 어린 시절의 나의 꿈은 교수 중의 교수인 철학교수가 되는 것이었다.

어느 날 중학교 사회 공부 시간에 역사를 가르치시는 선생님께서 "인도라는 나라는 수억 인구를 가진 나라지만 힌두교라는 어떤 민족철학이 있어서 수천 년을 아무 문제없이 이끌고 왔으나 우리나라는 민족을 이끌고 갈 철학이 없어서 문제다."라는 요지의 말씀을 하셨다. 지금은 이 말씀에 완전히 동의하는 것은 아니지만 그때는 큰 감동으로 공감했었다. 그렇다면 내가 그 철학을 연구해 보아야지! 우리 민족을 이끌고 갈 민족철학! 그것을 내가 공부하여 세워 보기로 했다. 철학교수, 막연하나마 그것이 어린 나의 마음속에 꿈으로 자리 잡기 시작한 것이다.

선생님께서는 힌두교라는 종교를 말씀하셨지만, 유교 불교 기독교 등 우리나라에 들어와 있는 종교가 사람들의 정신세계나 생활을 이끌고 있는 어떤 철학 같은 것이 들어 있는 것 같았다. 유교는 우리나라 사람들의 일상생활 속에 깊숙이 녹아 스며들어 있어서 대충은 아는 것 같고, 불교는 스님들의 생활방식이 우리 보통 사람들과는 많이 달라서 따라 배우기가 어려울 것 같으면서 나의 정서와 맞지 않았다. 기독교는 무언가 새롭고 우리 보통사람이 접근하는 데 어렵지 않게 생각되었다. 따라서 기회가 온다면 우선 기독교에 접근하여 연구해 보기로 생각을 굳혔다.

중학교를 졸업하고 교장선생님과 함께 서울로 유학을 갔다. 나는 고등학교 유학이고 그때 교장선생님은 대학원에 입학하셨다. 우리가 함께 기차를 타고 서울에 도착했을 때는 고등학교 전기 시험이 이미 끝난 후였다. 선생님께서 원서를 사 오셨는데 후기 시험 보는 고등학교 중에서 가장 좋다는 학교였다. 그 학교는 이북 피난민을 위하여 세운 학교로써 영락교회 한경직 목사님이 이사장으로 계시는 미션스쿨이었다. 일부러 기독교 학교를 택한 것은 아닌데, 그때까지는 나의 꿈을 이룰 수 있는 길로 잘 인도되고 있는 것 같았다.

학교에 대한 자부심을 가지고 공부도 열심히 하고 교회에도 열심히 다녔다. 특히 성경 공부 시간에는 모든 것이 새롭고 흥미로웠다. 지금 내가 기독교에 대한 어떤 조그마한 지식이나 믿음이 있다면 그것은 바로 그 고등학교에서 배운 결과들이다. 그러나 서울에서 고등학교 시절은 시련과 좌절의 세월이었다. 공부는 열심히 했지만 학업 성적이 기대했던 만큼 좋게 나오지 않았다. 3학년 때는 결핵성 늑막염에 걸렸으니 학업을 중단했으면 좋겠다는 의사의 진단을 받았다. 고향에서는 군 입대영장이 고등학교 3학년에게 날아 들어왔다. 육사나 공군사관학교를 갈까 알아보았으나 나이 제한에 걸려 갈 수 없었다. 고등학생은 입영 연기도 되지 않았다.

고등학교 졸업을 1개월 정도 앞둔 시점에서 김신조가 청와대 폭파 임무를 띠고 내려왔다. 이른바 1·21사태가 터진 것이다. 세상은 온통 전쟁 분위기로 바뀌어 가고 있었다. 고교 시절 내가 가장 감명 깊게 읽었던 수필집 『사랑과 영혼과의 대화』와 철학개론을 저술하신 김형석 연세대학교 철학교수님을 모시고 공부하고 싶었는데 포기할 수밖에 없었다. 국가가 위기 상황으로써 당연히 군에 가야만 했다. 마침 지원병 모집이 있어서 어린 날의 꿈을 접고 고등학교 졸업과 동시에 군에 입대를 하고 말았다.

군 제대 후 서울시 공무원 임용시험에 합격하였다. 그리고 공무원 생활을 하면서 대학을 다녔다. 대학 공부를 열심히 하여 결국 대학 졸업장을 손에 넣었지만 청운의 꿈과는 거리가 먼 길이었다. 우리 민족을 이끌 철학을 연구하고, 철학을 세우고, 철학교수가 되겠다는 원대하고도 터무니없는 꿈은 이렇게 일찍이 좌절되고 말았다. 누군들 청운의 꿈을 다 이룰 까만은 꿈을 잃은 나의 삶은 생기도 없고 활기도 없고 늘 허무한 것이었다.

'소크라테스', 이는 지금 들어도 가슴 뭉클해지는 군 시절 나의 사랑스런 별명이었으며, 이루어질 수 없는 젊은 날의 꿈이었다.

뻐꾸기새끼에 빠지다

우리나라 여름 철새인 뻐꾸기는 뱁새 둥우리에 어미뱁새 모르게 알을 낳는다. 어미뱁새는 그것도 모르고 정성스럽게 뻐꾸기 알을 품어서 부화시킨다. 부화 후에는 어린 뻐꾸기새끼에게 먹이를 열심히 날라다 먹이며 길러 주기까지 한다. 뱁새의 미련한 짓이나 뻐꾸기의 얌체 짓이 모두 새대가리에서 나왔다고는 볼 수 없을 것 같다. 조류학자들은 뻐꾸기의 알 부화방식과 새끼 기르는 방식을 탁란(托卵) 또는 육아기생(育兒寄生)이라 부른다. 세상에는 뻐꾸기 말고도 육아기생 방법으로 새끼를 낳아 기르는 조류는 100여 종이 넘는다고 하니 말이다.

미국에 이민 가서 사는 장녀는 딸만 둘을 낳았다. 큰애 이름은 '시온'이, 둘째 이름은 '시우'다. 다니던 직장에서 3년 동안 육아휴직을 내고서도 혼자 기르기 힘들다며 두 딸아이를 데리고 한국으로 왔다. 딸네 세 식구에게 안방을 내주었다. 그리고 외할머니가 안아 주고 업어 주고 오줌 똥 눌 때마다 기저귀 갈아 주고 허리가 휘도록 죽을힘을 다해 길러 주었다. 어미는 직장 휴직기간이 다 되어 다시 두 딸애를 데리고 미국으로 돌아갔다. 한 1년 반쯤 친정어머니가 어미뱁새처럼 두 외손녀를 길러 준 것이다.

처음 미국으로 돌아가서는 매일같이 전화를 걸어와 영상통화를 하였다. 귀여운 녀석들이 할아버지 할머니가 보고 싶다며 재롱을 떨었다. 할아버지 할머니에게 빨리 미국으로 자기 보러 오라고 독촉까지 한다. 그렇게 한 1년쯤 지나더니 1주일에 한 번씩으로 전화가 줄었다. 요즈음은 2주에 한 번쯤으로 줄었다. 멀지 않아서 한 달에 한 번, 그리고 1년에 한두 번으로 줄어들 것이다. 지난달에 한 번은 눈치 없는 둘째 녀석이 자기 친할머니 품에 안겨서 아주 행복한 얼굴로 “우리 할머니야!”라고 자랑을 하여 여러 사람을 웃게 하였다. 그래도 우리 외할배, 외할매는 우리 시온이 시우가 한없이 귀엽고 예쁘고 사랑스러웠다. 우리 시온이는 세상에서 제일 예쁜 애, 우리 시우는 세상에서 제일 귀여운 애다.

서울에서 회사에 다니는 둘째딸이 임신 소식을 전해 왔다. 임신 직후부터 입덧이 너무 심하여 전철이나 버스를 타고는 직장 출퇴근이 어렵다고 하였다. 할 수 없이 우리 부부가 6개월 넘게 집사람 승용차로 출퇴근을 시켰다. 드디어 작년 8월 1일에 귀엽고 잘생긴 옥동자를 낳았다.

2주 정도 산후조리원에 있다가 바로 우리 집으로 퇴원을 하였다. 안사돈이 계시지만 연세가 많으셔서 친정엄마의 신세를 지겠다는 것이다. 딸의 요청을 받아들일 수밖에 없었다. 그리고 딸 직장 출산휴가 기간, 3개월이 지나자 애비 어미는 어쩔 수 없다며 제 새끼는 우리 노부부에게 맡기고 각자 직장으로 출근해 버렸다.

외손자의 성은 달성 서(徐)씨다. 이름은 이언(怡言)이로 제 어미 애비가 지었다. 태명(胎名) ‘기쁨이’라는 뜻의 예쁜 이름이다. 지금 이언이는 우리 집 거실은 물론 안방까지 독차지하고 누워서 외할머니 외할아버지를 시종 부리듯 부리면서 제멋대로 온갖 갑질을 해대고 있다.

이언이는 출산 예정일 한 달 먼저 태어났다. 몸무게가 2.4킬로였다. 인큐베이터에 들어갈 뻔하였다. 처음 볼 때는 눈도 뜨지 못하였다. 어미 애비는 육아관련 서적을 대여섯 권이나 사다가 비치해 놓고 읽어 보며 혹시나 미숙아(未熟兒)가 아닐까 안절부절못하였다. 그러나 2~3개월이 넘어가자 몸무게가 쭉쭉 늘어났다. 5개월이 넘어서자 동갑내기들보다 몸무게가 월등히 더 나갔다. 만 6개월이 지나자 10킬로를 넘었다. 6개월짜리 아이의 최고 한계치란다. 어미애비는 몸무게가 너무 나가니 또 문제가 있는 것 아닌 가고 야단법석이다.

애는 6개월 만에 겨우 제 몸을 뒤집었다. 7개월이 다 되어도 아직 기지는 못한다. 5개월째부터 사람을 알아 보기 시작하고 할아버지와 눈을 맞추기 시작하였다. 할아버지가 눈을 맞추며 말을 걸으니 반응을 보이더니 옹알이를 하고 웃기까지 한다. 6개월이 넘으니 녀석이 먼저 반갑다는 표정으로 미소를 보낸다. 그리고 요 녀석이 장난까지 치려든다. 조그마한 자극에도 큰 소리로 깔깔대며 웃고 야단이다. 누굴 따라 배워 가는 것이 아니라 스스로 터득하고 익혀 가는 하루하루가 창조 행위이다. 그래서 더 기쁘고 귀엽고 놀라울 뿐이다.

애 엄마는 아침 8시에 집을 나가 오후 4시까지 직장에서 근무하고 5시경에 돌아온다. 외할아버지인 내가 한두 시간 도와 주기는 하지만 무려 9시간 동안 외할머니 혼자 애와 온갖 씨름을 한다. 시시때때로 기저귀를 갈아 주고 시간 맞추어 우유와 이유식을 만들어 먹이고, 잠이 와 울어대면 등에 업어 잠재우고, 이틀이 멀다하고 욕조에 따뜻한 물 받아 목욕시킨다. 할머니 본인 화장실 갈 시간 내기도 힘들단다. 65세가 넘은 노인인데 팔과 허리가 성할 리 없다. 너무 안쓰러워 내가 몇 시간이라도 함께 도와 주고 싶은데 나는 자꾸 밖으로 나가란다. 나를 생각하여 하는 말일게다.

직장 하루 일을 끝내고 집에 돌아온 애 어미는 어설픈 육아 지식으로 잔소리부터 해댄다. 감독이 심하다. 손을 씻지 않으면 애를 만지지 못하게 한다. 눈이 나빠질 수 있다고 형광등 바로 아래는 애를 눕히지도 못하게 한다. 햇빛도 애 피부에 나쁘다며 못 쬐게 한다. TV 바로 앞에 앉혀 놀게 하면 전자파 나온다고 야단친다. 부정적인 말도 못하게 한다. 혹시 할아버지 몸속에 있는 병균 옮길까 봐 이언이 입술에 뽀뽀도 못하게 한다. 그래도 너무 귀여워 볼에다 뽀뽀세례를 한다. 어미 뻐꾹새는 뱁새 집 근처를 맴돌면서 삐~비~빅, 삐~비~빅 울어댄단다. 뱁새 천적의 울음소리를 내서 뱁새를 겁박하여 제 새끼를 보호하기 위해서란다. 우리 둘째딸 하는 짓이 어미뻐꾸기 같다.

애 아비는 금요일 저녁부터 나타난다. 애가 조금 낯설어 하니 섭섭한 모양이다.

인터넷 뒤져서 이언이 놀이기구나 장난감을 뻔질나게 사 나른다. 우리 집 넓은 거실과 베란다가 장난감 공장인지 놀이기구 전시장인지 모르겠다. 공휴일이면 시내 대형매장에 어미 애 함께 데리고 나가 시간을 보내다 돌아온다. 요즘 젊은 아빠세대는 애 기르는 것은 전적으로 엄마에게만 맡겼던 우리 세대와는 확연히 다른 것 같다. 그래도 동물이나 사람이나 자기 새끼를 낳고 기르는 것은 엄마의 몫인 것 같다. 아이 아빠의 자식 사랑이야 엄마 못지않겠지만 진자리 마른자리 갈아 뉘며 오줌 똥 갈아 주는 엄마의 자상한 사랑과는 비교될 수 없을 것 같다.

출산율 저하 때문에 온 나라가 야단이다. 최근 몇 년간 출산율을 높이기 위하여 수조 원의 예산을 쏟아부었는데 그 효과는 신통치 않다고 한다. 딸자식 하나 낳아 기르는데 이렇게 힘들어서야 어느 누가 애를 낳고 싶어 하겠는가. 국가 차원에서 출산율을 높여야 한다는데 국가를 위하여 이렇게 힘든 애를 낳으라는 것은 말이 안 된다.

우리 은영이가 밤새도록 애 때문에 깊은 잠을 못 잔다. 하룻밤에도 몇 번씩 젖을 먹이고, 애를 앉은 채로 의자에 앉아 선잠을 잔다. 또 아침 정시에 일어나 직장에 출근하여야 한다. 이렇기를 몇 년까지 반복해야 하는가! 20세가 넘도록 수많은 돈을 쏟아부어 교육시켜야 한다. 날이 갈수록 일자리가 부족하다는데 지금부터 취직 걱정부터 하게 된다. 집 한 채 마련하여 장가도 보내야 한다. 또 그 자식이 손자 손녀 낳으면 허리가 휘도록 애 봐주어야 할 것이다. 우리 부부의 사랑하는 딸들이 대견스럽기도 하지만, 앞으로 고생하고 수고할 것 생각하니 한없이 안쓰럽고 짠하다.

이언이가 소록소록 잠을 잔다. 너무너무 예쁘고 사랑스럽다. 이언이 잠자는 얼굴을 찬찬히 바라보고 있으면 이언이 얼굴에 세상 평화가 다 깃들어 있는 것 같다. 세상 평화가 깃들어 있는 우리 이언이 저 얼굴을 그릴 수만 있다면 루브르박물관에 걸려 있는 모나리자를 능가할 것이다.

이언이 보기가 아무리 힘들어도 몇 시간만 못 보면 무척 보고 싶어진다. 우리 외할아버지 외할머니는 결국 뻐꾸기 새끼에 빠지고 말았다. 벌써 미국에 사는 시온이 시우처럼 헤어질 날을 생각하면 가슴이 아리고 섭섭하다. 우리 집에서 계속 같이 살았으면 좋겠다.

세상에서 제일 잘생긴 우리 이언아! 세상 걱정 다 잊고 새록새록 잘 자라! 무럭무럭 잘 자라고 행복하여라! 외할아버지 외할머니가 미국에 있는 우리 시온이 시우를 위해 매일매일 기도한 것처럼 우리 怡言이를 위하여도 기도할게.

무서리

지금 우리 나이에 청소년기를 시골 농촌에서 보낸 사람들은 신나고 재미나는 서리 추억을 많이 가지고 있을 것이다. 콩, 수박, 고구마, 땅콩 같은 농작물, 감, 밤, 복숭아, 사과, 배 같은 과실, 오리, 닭 같은 가축이 좋은 서리 대상이다. 오리 닭 등 가축 서리는 야밤에 주로 마을에서 이루어지고, 과실과 농작물 서리는 달밤에 마을 주변 농장에서 이루어진다.

한겨울을 지나는 동안 농촌 마을마다 몇 번은 닭서리 소동이 일어난다. 이집 저집 여러 집을 돌면서 싹쓸이를 하거나, 한 집에서 여러 마리를 잡아 가는 경우와 씨암탉까지 잡아 가는 경우는 그 다음날 아침은 틀림없이 온 마을에 야단이 난다. 서리 소식이 마을 집집마다 쫙 퍼지고, 서리를 당한 집에서는 서리 꼬투리를 찾아내기 위해 이집 저집 기웃거리며 정보를 수집한다. 서리를 했을 것으로 추측되는 청소년의 알리바이를 조사하기도 한다. 때로는 서리 도중에 들켜서 쫓고 쫓기는 소동이 벌어지기도 한다. 닭 잡아 먹고 오리 발 내놓는다는 속담도 아마 서리에서 나온 것이 아닐까 생각한다.

지난 밤 서리에 대한 그날 아침 소동은 대개 그날 오후가 되면 잠잠해진다. 서리한 녀석들을 찾아낸들 어떨 것인가. 다 이웃집 아들딸이

요 우리 집 아들딸이다. 그 누구도 서리를 도둑으로 생각하지는 않았던 때였다. 지나치게 서리를 비난하거나 서리한 사람을 찾아내려 한다면 오히려 서리당한 집에서 마을 사람들로부터 욕을 먹는다. 농한기 기나긴 겨울밤, 청소년들에게 서리마저 없다면 농촌 마을의 생활이 무척 따분했을 것이다.

나는 이처럼 신나는 서리 추억을 가지고 있지 못하다. 중학생 때까지 고향에서 살았지만 서울 진학을 꿈꾸는 모범 학생으로 고향 친구들과 어울려 서리할 여유를 갖지 못했다. 오직 내 머릿속은 고등학교 입시에 합격하여 서울에 유학하는 생각으로 가득 차 있었다.

초등학생 때 우리 반 담임선생님의 하숙집 텃밭에서 가을 무 몇 개 뽑아 먹었던 추억이 유일하게 나의 서리 추억으로 남아 있다. 그 서리 추억도 순전히 그때 함께 서리를 했던 선생님과 물 건너 앞마을에 사는 계집애, 애자 때문일 것이다.

우리 학생들을 무척이나 사랑하셨던 담임선생님은 우리 동네에서 하숙하셨다. 나는 선생님을 좋아하여 선생님 집에 자주 놀러 갔다. 어떤 때는 다른 학생들의 시험지 채점을 내가 도와 드리기도 했다. 다른 마을 학생들도 자주 선생님 집으로 놀러오곤 했다. 그때 애자도 선생님 집에 놀러 왔을 것으로 생각된다.

애자는 우리 남학생들 보다는 키도 크고 성숙해 보였다. 갸름한 생머리 얼굴에 긴 목과 얼굴 피부색은 박꽃 같았고 가을 흰 무같이 희고 고왔다. 한 번은 어떤 총각 선생님이 그녀를 좋아한다는 소문이 나서 알나리깔나리 놀려주는 사건도 있었다.

선생님 하숙집에서 무 서리를 했을 때, 우리 마을의 내 단짝 친구와 옆집 여자 동창도 그곳에 함께 있었겠지만, 구체적으로 거기에 누가 있었는지 잘 생각나지는 않는다. 다만 무밭 달빛 아래, 나는 애자 그 계집애와 그녀의 목덜미만큼 흰 가을무를 뽑아 던져주고 받으며 웃고 장난을 쳤던 일만 생각난다. 가을 달빛 가득한 하늘을 향해 하얀 웃음을 터뜨린 그녀의 얼굴이 지금도 아련하다.

초등학교 졸업 후 그때도 늦가을 밤이었을 것으로 생각된다. 선생님께서 앞마을 동창 집에 오셔서 나를 데려오라며 동창 친구 한 명을 보내주셨다. 그토록 내가 좋아한 선생님께서 나를 찾아주시니 나는 너무 기쁘고 좋았다. 친구를 따라 어스름한 달밤에 들판과 내를 건너 앞마을로 갔다. 선생님께서는 동창 집 방 안에서 남학생들 몇 명과 찐 고구마 땅콩 등을 잡수시며 대화를 나누시고 계셨다. 벌써 서리를 해 온 것인지 친구 집에서 접대를 하는 것인지는 알 수 없었다. 여자 동창 몇은 부끄러워 방에 들어오지도 못하고 부엌에 쭈그리고 앉아 있는 것 같았다. 나는 부엌문 옆에 앉았으나 그녀들의 얼굴은 볼 수 없었고, 부엌문을 빼꼼히 열고 땅콩을 까서 방으로 들이미는 여리고 고운 손길만을 볼 수 있었다.

우리는 그날 밤 이후 선생님을 뵙지도 소식을 듣지도 못했다. 우리들이 장성하여 뒤늦게 찾아뵙고자 하였으나 주소를 찾을 수 없었다. 하숙생하고 눈이 맞아 결혼했다는 애자는 나의 공무원 승진 축하 모임에 30여 년 만에 느닷없이 나타났다. 그리고 자기 아들 중매나 하라고 말했다. 그날 이후 그녀는 또다시 바람처럼 사라져 버렸다.

요즈음 우리 농촌에는 함께 어울려 다니며 서리할 수 있는 청소년들이 없다고 한다. 농촌 인심은 옛날처럼 서리를 서리로 너그럽게 받아줄 분위기도 아닌 것 같다. 좀도둑으로 몰리고, 불량 청소년으로 취급받게 될는지도 모른다. 인터넷 동호인 모임마다 신나는 서리 이야기, 서리 이야기가 사라질 날도 멀지 않은 것 같다. 우리 세대가 지나가면 서리라는 단어는 고어로서 사전에만 남아 있을런지도 모른다.

인생은 무상하고 세월은 덧없다. 초등학교 6학년 마지막 해 운동회에서 백군 여자 마지막 주자로 내게 바통을 넘겨 주었던 그녀, 그리고 희미한 달빛을 향하여 터뜨린 하얀 웃음, 깐 땅콩을 내게 건네주던 얼굴 없는 손, 그 어린 날의 주인공들은 지금 다 어디로 가고 있는 것일까.

가을 김장 무밭을 지날 때마다 무 서리하던 그날 밤 정경이 떠오른다.

평범한 일상과 평화

그해 여름 나는 하기휴가를 이용하여 정릉에 있는 국민대학교에서 대학 출석수업을 받고 있었다. 오후 첫 시간 수업이 시작 되고 얼마 되지 않아 느닷없이 민방위경보 사이렌이 요란하게 울렸다. '아니 오늘은 민방위훈련 날도 아닌데 웬 사이렌이야!' 연이어 공습경보를 발령한다는 다급한 목소리가 흘러나왔다. 실제 상황으로써, 서해안 지역을, 적기가 공습 중에 있으니, 긴급히 대피하라는 것이다. '드디어, 북괴가 전면전을 벌여 왔구나!'

교실 안 모든 학생들은 한순간에 동작을 멈추고 창밖을 내다봤다. 북한산 하늘은 맑고 푸르렀다. 날아오는 적기는 보이지 않았다. 적기가 날아오면서 내는 하늘을 찢는 것 같은 폭음이나 폭격 소리도 들리지 않았다. 민방위 본부에서 아무리 다급한 목소리로 대피하라고 말하지만, 북한산 남쪽에 꽉 붙어 있는 이곳 국민대학교가 폭격 당할 것 같은 위협은 느낄 수 없었다. 공습경보가 울리면 적색 민방위기를 높은 곳에 달도록 민방위 훈련 때마다 교육 받았지만, 아무도 건물 옥상에 올라가 붉은색 깃발을 달지 않았다. 밖으로 튀어나가는 학생도 없었다.

'이제 전면전이 벌어진 마당에 공부가 무슨 필요가 있으며, 대학 졸업장이 무슨 의미가 있단 말인가!'

가볍게 책을 책상 위에 내던지는 학생도 있었다. 지금까지 내가 중요하다고 생각하여, 모으고, 가꾸고, 쌓은 것들이 모두 허사가 되는 것 같았다. 다리 힘이 쭉 빠지는 것을 느낄 수 있었다.

집이 걱정되었다. 집에 있는 아내와 아이들의 얼굴이 떠올랐다. '아내는 지금 우리 아이들을 데리고 이 위급하고 다급한 상황을 어떻게 대처하고 있을까! 비상식량은 충분히 확보되어 있을까! 전쟁이 개시되면 곧 수돗물이 끊어질 텐데 식수 문제는 당장 어떻게 해결하지.'

나는 이 위급한 순간에 집으로 갈 수도 없다. 즉각 서울시청 기획실로 달려가야 한다. 전시 초기에 직장에서 내가 맡은 임무가 있는 것이다. '그런데 이 혼란의 순간에 나를 시청까지 태워갈 차가 있을까.' 차량과 사람으로 북새통이 된 서울 시내 모습이 눈에 보이는 듯했다. 적의 폭격으로 쑥대밭으로 변할 서울 시내의 빌딩 숲이 내 가슴을 아리게 했다.

현역 군인으로 동원되어 가는 수많은 젊은 직장인들이 눈에 그려졌다. '우리 시청 공무원들도 젊은 직원들은 다 동원되어 갈 것이다. 자동차 운전수, 간호사 같은 기능을 가진 사람들도 모두 동원되어 갈 것이다. 86아시안게임과 88서울올림픽도 당연히 취소되고 말겠지! 국가경제는 나락으로 떨어지고, 그동안 희망에 부풀어 있던 국민은 다시 도탄에 빠지고 절망하겠지!' 이런 생각들이 단 몇 분의 짧은 시간에 내 머리 속을 지배했다. 적의 포탄에 맞아 죽는다는 두려움보다 사회의 혼란, 국가 경제의 마비, 잘 살아보겠다는 국민의 희망과 의욕의 좌절, 이런 것들이 더 걱정이 되었다.

이렇게 몇 분의 시간이 흐르자, 그때 교수는 비로소 말문을 열어 교무실에 가서 무슨 일인지 알아보고 오라며 학생장에게 지시했다. '북괴 전투기가 서해로 넘어와 폭격하고 있다는데 교무실에서 무엇을 더 알아보라는지.' 우리는 이렇게 어찌할 바를 모르고 있었다.

이처럼 20여 분간 뛰는 가슴과 착잡한 심정을 억누르고 있는데, 공습경보를 해제한다는 방송이 흘러나왔다. 중공의 미그21기가 귀순해 왔다는 것이다. 그 해 2월에도 이웅평 대위가 미그21기를 몰고 귀순해 왔고, 5월에는 중국 민항기가 납치되어 우리나라로 넘어와 춘천 공항에 불시착한 사건이 있었다. 이웅평 대위가 서해를 통해 귀순하여 왔을 때도 민방위 본부에서 공습경계경보 발령을 내리면서 "국민 여러분! 여기는 민방위 본부입니다. 서해와 서울 일원에 민방위 공습경계경보를 발령합니다. 이것은 실제 상황입니다. 민방위 공습경계경보를 발령합니다." 이렇게 방송하여 온 국민이 얼마나 놀라고 전율했던가! 이번에는 피침중이라고 하며 대피하라고까지 해서 틀림없이 전쟁이 터진 줄 알았었다.

'아아, 그래도 북괴의 남침이 아니라니 다행이다.' 손뼉이라도 치고 싶은 희열이 솟구쳤다. '아아 이 평범한 일상이, 이 평화가 얼마나 귀중하고 감사한가!' 한순간에 우리 국가와 민족이, 그리고 우리 가정이 희망을 잃고 지옥의 늪으로 빠지는 것 같은 경험, 지금 생각해도 온몸에 전율이 느껴진다.

개판

오늘 산책길은 오팔이가 가장 좋아하는 광교산 능선 등산 코스를 택하였다. 등산 코스에 들어선 후 1킬로미터쯤 올라가 첫 번째 깔딱고개에 올라섰을 때 산에 갔다 돌아오시는 세 분 할아버지를 만났다. 오팔이가 벌써 알아보고 나보다 먼저 뛰어 올라간다.

세 분 할아버지 중 키 큰 할아버지를 제일 좋아한다. 오팔이는 제 얼굴을 키 큰 할아버지 무릎에 비벼대고 꼬리를 흔들면서 애정을 표시한다. 할아버지는 오팔이 머리를 쓰다듬으면서 "오팔이 왔구나! 어디 한 번 인사해 봐!", 세 할아버지는 벌써 오팔이에게 인사를 시키면서 웃고 야단들이시다.

오팔이는 인사를 시키는 사람에 따라서 인사하는 태도가 확연히 다르다. 자기가 좋아하는 사람에게는 두 앞 다리를 모아서 앞으로 쭉 뻗고 궁둥이를 뒤로 빼올리면서 얼굴 턱을 앞다리까지 닿게 하여 공손한 인사를 한다. 그러나 애들이나 어른이라도 장난삼아 반복하여 인사를 시키면 얼굴을 다른 데로 돌리고 딴청을 부리면서 인사를 하는 둥 마는 둥 빨리 해치우고 만다. 사람들은 그것이 더 우스운 모양이다.

오팔이는 이 산책로를 오가는 사람들에게 인사하는 개로, 또 코커스 파이엘이라는 눈이 곱고 귀가 멋진 개로도 유명하다. 그래서 사람들은 나를 '오팔이 아빠'라 부른다. 우리 집사람은 '오팔이 엄마', 우리 둘째 딸은 '오팔이 언니'다. 나는 유명한 오팔이 때문에 개 아빠 즉 개 가족이 된 것이다. 내가 평소에 등산로에서 자주 만나는 분들과 통성(通姓)이라도 나누면서 다정한 사귐을 가졌던들 개의 아빠로 불리지는 않았을 것이라고 생각하니 쓴웃음이 나온다. '아무리 그래도 그렇지! 나보고 개의 아빠라고? 개판이로다!'

우리가 산봉우리에 올라갔을 때 그곳 정자에는 몇 분 할아버지들이 모여서 또 정치 이야기를 하고 계셨다. 할아버지들은 모이면 방송이나 신문에 난 국회 소식을 가지고 정치 이야기로 쓸데없이 열을 올리신다.

"개새끼들! 그게 어디 국회야! 개판이지! 에이, 개만도 못한 자식들!"

할아버지들께서 정치 이야기 하시는 것은 좋은데, 왜 못된 것은 개에 빗대어 욕하시는지 모르겠다. 토론과 설득 그리고 타협을 통하여 법을 만들고 국정을 논의해야 할 국회의원들이 말과 논리 대신 폭력을 휘두르고, 지역 이념 세대 간의 갈등을 조정하여 국민통합을 이루어야 할 국민의 대표들이 입만 열면 분열을 조장하고, 상대방을 비난하며, 거짓말을 해대는 것은 비난받아 마땅하나, 개판이라고 표현하는 것은 개도 화낼 일이다. 솔직히 개들은 우리 국회의원들처럼 무자비하게 폭력을 휘두르거나 쓸데없이 밤낮으로 싸우거나 거짓말하지는 않는다. 어쨌든 사람들은 오늘 우리 국회를 개판이라고 부른다.

나는 집 안에서 애완견 기르는 것을 못마땅하게 생각했다. 털 빠지고, 냄새나고, 집에 손님 오면 짖어대고, 더구나 아파트에서 개 기르는 것은 이웃 주민들로부터 환영받지 못한다. 그러나 집사람과 딸들은 나하고는 못 살아도 개 기르는 것은 포기할 수 없다고 한다. 나는 집에서 딸 방에 들어가지도 못하는데 오팔이는 수시로 드나들고 집사람의 방도 수시로 드나들며, 집사람이나 딸의 어깨를 베고 잔다. 특히 오팔이의 얄미운 짓은 내가 집사람 옆에 앉거나 앉으려고 마음만 먹어도 독심술이라도 있는지 제 방에서 뽀르르 쫓아 나와, 나와 집사람 사이에 끼어 앉아 질투를 벌이곤 한다. 제가 우리 식구 보호자나 되는 양 함께 외출할 때는 우리보다 3~4미터 앞에서 10여 미터 갈 때마다 걸음을 멈추어 서서 고개를 들어 전방을 주시하며 경계한다. 주인이 홀로 앉았거나 누워 잠잘 때는 아무도 옆에 못 오도록 엄격히 경계하며 보호한다. 식구들로부터 나보다 사랑을 더 많이 받고 가장 행세까지 하려 한다. 우리 집이야말로 개판인 것이다.

언젠가 신문에서 파리 시내가 개판이라는 기사를 읽은 적이 있다. 파리 시내가 여름 휴가가면서 버려진 개와 개똥으로 뒤덮여 있다는 것이다. 그러나 내가 2006년 가을에 파리 시내를 관광했을 때는 그런 시내 풍경을 보지 못했다. 미국이야말로 개판인 것 같다. 어디를 가든지 애완견을 동반하여 산책하는 사람들을 많이 볼 수 있으며 공원은 말 그대로 개판이다. 거리마다 개 관련 용품 판매점이 있는데 그 규모가 상상을 초월한다. 내가 본 뉴욕주 한 지방 국도 변에는 우리나라 대형마트보다 큰 건물이 있는데 건물 전체가 애완견 관련 상품으로 가득 채워져 있었다. 미국의 애견 시장 규모가 년 300억 불, 일본도 연 200억 불 이상이라고 한다. 우리나라도 2008년 한 해 애완견 시장이 1조5000억 원이 넘었다고 한다. 애견 인구가 200만이 넘고, 애견도 300만 마리가 넘는다고 한다. 2007년 10월에는 대구에서 세계 애견산업 엑스포가 열리기도 했다. 세계 도처에 먹을 것이 없어서 죽어 가는 사람이 수만 수억이라 하는데 애완견을 키우면서 이 많은 돈을 투입해도 되는 것인가! 우리 모두 죄인, 개판인 것이다.

우리나라 국회도 개판, 우리 집도 개판, 파리 미국 일본도 개판, 우리 사회도 개판이다. 개판의 내용과 뜻이 다르기는 하지만 세계는 바야흐로 개판의 시대가 도래하고 있다는 것이 나의 생각이다.

* '개판'이란 단어의 '개' 자는 참이 아니라는 뜻의 접두사로 쓰이고 있지만 개(犬)로 알고 쓰는 사람도 많아 이 글에서도 犬의 뜻으로 사용하였음.

사랑의 잔치 벌여 놓고

서울시 노점정비팀장이 간암으로 세브란스병원에 입원했다고 한다. 사무관 승진시험과 청계천 노점상 정비 사업에 과도한 스트레스를 받아서 암에 걸렸다는 것이다. 그의 절친한 직장 동료는 그가 나를 보고 싶어 한다는 소식을 전해 왔다.

'드디어 그 친구 차례가 왔구나!' 하는 착잡한 마음으로 성경책을 사 들고 그의 병실 문을 열고 들어섰을 때, 그는 비교적 밝은 얼굴로 침대에서 일어나 나를 맞아주었다. 내가 "이 하나님의 말씀이 당신을 살릴 수 있을 것"이라는 격려의 말과 함께 성경책을 그의 침대 위에 놓아 주자, 자기도 매일 아침 하나님께 살려 달라고 기도한다며 진지하게 말했다. 그리고 그는 3년 전에 낸 시집이라며 친필 사인을 하여 내게 주면서, 목사도 아닌 나에게 아주 진지하게 기도를 요청했다. 마침 옆 침대 환자도 모 교회의 집사라고 했다. 우리 세 사람은 병실 통로에 손을 마주잡고 서서, 조금만 더 살게 해 달라고 눈물로 간절히 기도하였다.

내가 노점정비팀장을 처음 만난 것은 지금부터 25년 전 구로구청 총무과에서였다. 그는 총무계의 책상 내 앞자리에 마주보고 앉아서 직원들의 후생복지 업무를 담당하고 있었다. 1980년 암울한 격동의 시대에 새 정권 탄생의 일선 사령부라 할 수 있는 구청 총무과에서 우리는 밤낮을 모르고 일에 매달리고 있었다.

동료들은 나를 행정 공무원보다는 학교 선생님이 되었으면 더 좋았을 것이라고들 말했다. 당시 팀장도 행정 공무원으로는 서툴러 보였고, 그는 담백하고 깨끗한 마음의 소유자인 것 같았다. 그는 나와 무언가 통한다고 말했다. 대화의 상대가 된다는 것이다.

우리는 함께 출장 가거나, 퇴근할 때는 긴 시간을 함께 걸으면서 많은 이야기를 나누곤 하였다. 그는 그때에 이미 시인으로 문단에 등단하였다며, 자작시 몇 편을 낭독해 주면서 나에게 시평을 요구하기도 했다. 그의 시는 사회의 모순이나 세태를 비판하는 내용을 주제로 다루고 있었다. 나는 그에게 공무원은 사회 비판보다는 국가와 민족에 대한 사랑, 생로병사 등 우리 인간의 운명 같은 본질적인 내용을 주제로 시를 쓰는 것이 좋을 것 같다고 말해 주었다.

내가 그의 병실을 다녀온 후, 시청 문학 동호회는 동료 시인을 위하여 인터넷 카페를 개설하여 주었다. 인터넷상에서 서로 위로하고 격려하며 고통을 함께 나눌 수 있는 장을 마련하여 준 것이다. 환자 본인도 투병 시를 써서 카페에 올리기 시작했다. 서울시청 직장 동료들뿐만 아니라 전국의 수많은 인터넷 독자들이 카페를 방문하여 그를 격려하고 쾌유를 기원했다.

그의 투병 시는 전에 그가 쓴 시와는 확연히 달랐다. 자기 목숨이 경각에 달려 있는데 무슨 사회 부조리를 말하고 남을 비판하겠는가! 자기 가족에 대한 사랑과 연민, 직장 동료와 친구들에 대한 그리움과 감사, 병을 이기고자 하는 의지와 보다 더 진실되게 살지 못한 회한, 그런 주제들이었다. 그는 2004년 1월부터 6월까지 6개월 동안 76편의 주옥 같은 시를 써서 카페에 올렸다.

동료들은 기금을 모으기 시작했다. 투병 시집을 내주기 위해서였다.

2004년 6월 23일 투병 시집 『덤으로 맞이한 아침』 초판을 발행했다. 그 후 그는 사랑하는 아내와 두 자녀를 남겨두고, 또 저세상으로 끌려가는 그를 붙잡으려고 애타게 기도하며 발버둥치는 동료들을 뒤로하고 끝내 이 세상을 떠나갔다.

시인은 생이 끝나는 그날까지 최선을 다하고 열정을 불태웠다. 세상 친구와 그의 얼굴도 모르는 수많은 인터넷 놀이꾼들까지도 카페에 초청하여 사랑의 잔치를 벌여 놓고, 그는 그렇게 아름답게 죽어 갔다.

'선배님께 드립니다.' 그가 친히 서명해서 준 두 권의 시집 『거기 누구 없나요』와 『덤으로 맞이한 아침』을 책장에서 뽑아내 읽을 때마다 병마와 싸우는 동료 신인의 고통과 수많은 직장 동료들의 아우성이 들려오는 것 같아 눈시울이 뜨거워진다.

수많은 사람들이 그토록 그의 쾌유를 기원했고, 본인도 그토록 간절히 살기를 기도했는데 '하나님께서 조그만 더 살게 해주시지!'

나는 오늘도 이 친구 시인과 같이 인간으로서 품위를 지키며 아름답게 죽을 수 있도록 하나님께 간절히 기도 드렸다.

자유를 향하여

내가 정년을 몇 년 앞두고 송파구청을 떠난 것은 2002년 8월이었다. '자유를 향하여'는 당시 나의 이임인사(離任人事)말의 제목이다. 내가 2006년 말 정년으로 서울시청에서 퇴직했고, 퇴직 후 3년여쯤 되었을 때 그때까지 책장 속에 꽂혀 있던 10여 권의 업무수첩을 정리하다 발견된 인사말의 내용이다. 인사말 내용의 글을 여기에 옮겨 적어 본다.

잠깐 스쳐 가려 했는데 송파에 온 지 벌써 9년이란 세월이 흘렀습니다. 이제 송파를 떠나려 하니 그동안 정들었던 얼굴들이 눈앞에 아른거리며 그리워집니다.

저는 송파에 전입한 이래 기획계장과 문정 장지 잠실1, 4동장, 그리고 재활용과장과 재난관리과장으로 일해 왔습니다. 기획계장으로 있을 때는 장애인 운전연습장, 행정착오 보상제 같은 20여 가지의 특수 사업들이 저의 펜대를 거쳐 시행되었고, 일선 기관장으로 있을 때는 자원 재활용과 수해예방 업무에 여러분과 함께 열정을 쏟았습니다. 비가 올 때면 주민들이 잠든 깊은 밤에도 탄천 제방을 서성이며 넘실거리는 한강물로 문정 주택지가 침수되지 않을까 고심하던 때가 엊그제 같이 생생합니다.

저는 평소에 공직에 좋고 나쁜 자리가 없다고 생각해 왔고, 그렇게 근무해 왔습니다. 어느 직위에 가서 일하든지 시민을 위하여 열심히 일하면 시민은 늘 좋아하였고, 그것이 곧 저의 기쁨이요 보람이었습니다. 그러나 인사발령(人事發令)이 있을 때마다 저는 고통스러웠습니다. 소위 힘 있고 좋다는 보직에 가지 못하면서, 발령자 명단에는 늘 본인의 이름이 끼어 있었고, 그때마다 복도를 오가며 여러분과 마주칠 때면 여러분들은 연민 어린 눈빛을 저에게 보내 주셨습니다. 인사는 저에게 늘 이별의 아픔과 고통을 가져다주었습니다. 여러분의 연민 어린 시선도 부담이었습니다.

앞으로 여러분에게는 어느 보직을 받든지 그 일에 자부심을 갖고 마음껏 능력을 발휘할 수 있는 그런 날이 오기를 기대합니다.

이제 저는 송파에서 힘겨운 짐을 내려놓고 자유를 향하여 나아가려 합니다.

제가 새로 가서 일할 기관에도 제가 일할 수 있는 책상과 의자는 주어질 것이며, 저의 봉사를 기다리는 많은 시민이 있다는 기대를 하니 새로운 희망으로 제 가슴이 뛥니다. 그러한 기대와 희망을 가지고 새 부임지를 향하여 기쁨으로 나아갈 것입니다. 저에게 어떤 자리가 주어지더라도 저는 그 일을 통해서 공직자로서 기쁨과 보람을 얻을 것입니다.

저는 송파를 떠나서도 여전히 송파의 발전을 기원하고 사랑할 것입니다. 그동안 저와 함께 일했던 동료와 후배 여러분! 그동안 많이 도와주시고 사랑해 주셔서 감사합니다.

이 이임 인사말은 그동안 함께 근무했던 300여 직원에게 구청 전산망을 통하여 보내졌다. 당시 나는 서울시의 기관 간 인사교류 방침에 따라 자의 반 타의 반으로 송파를 떠났다.

공직자는 인사발령이라는 종이 한 장으로 기관 또는 부서를 이동하여 근무한다. 나는 34년을 서울시에서 재직하면서 18회의 발령장을 받았다. 이때마다 그동안 함께 애환을 같이하며 정들었던 동료나 부하 직원들과 이별의 아픔을 겪어야 했고, 새로운 기대를 가지고 새 직원을 맞이하기도 했다.

근무수첩 속에 남아 있는 인사문과 '자유를 향하여'라는 이임인사 제목이 당시 나의 아린 심정을 새롭게 느끼게 하였다.

결연 어린이 후원

국민은행의 내 용돈 관리 통장에서 월드투게더가 매월 4만원을 뽑아갔다. 13년째이다. 매월 25일에 자동 인출해 간다.

월드투게더(WorldTogether)는 국제개발 협력사업을 수행하는 NGO 중 하나다. 2005년 12월에 사단법인으로 출발하였다. 동남아와 아프리카 10개 국에서 어린이 결연 및 의료 지원사업과 지역 개발사업을 활발하게 펼쳐 오고 있는데 좋은 성과를 내고 있다. 개발도상국 어린이 5명 중 1명은 학교를 다니지 못하고, 가족의 생계를 위하여 심한 노동현장으로 몰리고 있다고 한다. 가난이 대물림되고 있는 것이다. 안타깝고 가슴이 아프다. 이들 한 어린이를 돕는 데 우리 돈으로 3~4만 원이면 족하다는데 말이다.

나는 2004년부터 나사로의집이라는 단체를 통하여 생활이 어려운 회현동 쪽방 거주자 1명을 후원해 오고 있었다. 매월 3만 원씩 4년을 꾸준히 보내주었다. 4년이 지나자 후원을 중단하고 싶은 마음이 들었다. 왜일까? 내가 보낸 돈이 생활이 어려운 사람에게 제대로 전달되었는지, 3만 원이란 돈이 지원을 받는 사람에게 얼마나 도움이 되었는지, 우리나라 물가 수준을 감안할 때 3만 원은 큰 도움이 될 것 같지 않다는 느낌도 들었다.

이때 우리 교회 목사님으로부터 월드투게더를 소개받았다. 사실 월드투게더는 처음 우리 명성교회가 설립하였다. 지금은 우리 교회에서 독립하여 국제구호단체가 되었다. 월드투게더 관계자로부터 생활이 어려운 외국 어린이와 1:1 결연 후원 방법을 소개받았다. 그리고 후원자가 되어 줄 것을 권유받았다. 월 4만 원, 한 구좌 후원금으로 한 어린이를 충분히 학교에 보낼 수 있고, 생활비까지 지원할 수 있는 돈이 된다고 했다. 관심이 갔다.

집에 돌아와 집사람과 상의를 했다. 그래서 우리 세 식구가 한 사람씩 후원하기로 하였다. 각자 용돈에서 부담하되 평생을 계속하여 후원하기로 하였다. 돈에 여유가 있으면 후원자를 늘려 지원하도록 하자고 다짐하였다.

어린이 결연 신청서를 월드투게더에 제출했더니 결연 대상 어린이의 인적사항과 사진 가정형편 등이 적힌 소개서가 왔다. 집사람과 둘째딸에게도 각각 따로 통지가 왔다.

처음 나와 맺어진 어린이는 캄보디아 찌으 점란(2001년생)이란 남자 어린이었다. 부모와 6형제가 같이 살고 있는데 생활이 너무 어려워 초등학교도 다닐 수 없는 처지라고 했다. 내가 보내준 후원금으로 학비를 대주고, 학용품 가방 교복은 물론 음식 식료품 의복 생필품 위생용품 의약품 정기 건강검진까지 지원하여 줄 수 있다고 후원단체는 자세히 알려 주었다.

월드투게더는 적극적으로 결연 대상 어린이와 후원자를 발굴하고, 결연을 맺도록 주선하며, 후원자가 후원의 보람을 지속적으로 느낄 수 있도록 매월 후원 어린이의 생활 형편과 지원 내용을 자세히 알려 준다. 이 점이 한 번 후원자가 되면 후원을 계속할 수 있게 만든 요인인 것 같다. 매우 잘하고 있다고 평가된다.

월드투게더는 어린이 결연 후원뿐만 아니라 지하수 개발과 우물 파주기 사업, 유치원 등 학교 건립과 직업훈련, 질병 치료와 환자 수술, 의약품 지원, 지역 개발사업과 농촌 소득증대를 통한 자립기반 마련 등 광범위한 사업을 펼치고 있다. 사업지역도 동남아와 아프리카 여러 국가까지 확장하고 있다. 아프리카에서 우물 하나 파주는 봉사에 참여하고 싶은데 아직 결단을 못 내리고 있어 부끄럽다. 기회의 시간이 빠르게 지나가는데 말이다.

작년까지 내가 지원했던 찌으 점란은 학업을 마치고 가족의 생계를 돕기 위하여 공장에 취직을 하였다고 한다. 그래서 찌으 점란은 그와 그의 가족 동의를 얻어 지원을 중단하였다고 알려 왔다. 8년여 동안 지원했는데 취업이 되어 지원을 중단할 만큼 생활이 나아졌다니 다행이고, 축하할 일이다.

사진과 이력을 내 책상 앞에 걸어놓고 건강하게 잘 자라 잘 살게 도와달라고 하나님께 기도했는데 기도가 이루어진 것 같아 감사하게 생각한다. 그래도 8년 동안이나 도와 주고 도움을 받고 정이 들었는데 관계를 정리한다고 하니 대단히 섭섭하다. 크리스마스 같은 때 특별 선물이라도 보내주었어야 했는데 늘 바쁘다는 핑계로 기회를 놓쳤다. 아쉽다.

찌으 점란에 이어 이티오피아 짤투 맹기스투(2004년생, 여자)를 결연자로 정했노라고 알려 왔다. 사진과 가정형편 지원할 내역 등을 자세히 알려 주었다. 흔쾌히 동의하였다. 그리고 이 학생도 하루 빨리 생활이 나아져서 자립할 것을 기원한다.

이티오피아는 아프리카의 중심 국가이며, 약 3000년의 역사를 가진 오래된 선진 국가였다. 인구는 1억 명이 넘어 나이지리아에 이어 아프리카에서 두 번째로 많은 인구를 가진 국가라 한다. 그러나 국민소득은 110불에 불과하여 세계 최빈국 중의 하나라고 전해지고 있다.

이티오피아는 한국전쟁 당시 유엔군의 일원으로 우리나라에 6037명의 군인을 파병해 주었다. 김영삼 정부 때 이티오피아 정부는 우리나라에 종합병원을 지어 줄 것을 요청하였고, 우리 정부는 대형교회인 명성교회가 맡아서 병원을 지어 줄 것을 요청하였다. 우리 명성교회는 이티오피아 수도 아디스아바바에 최신의 훌륭한 종합병원을 건립하였다. 병원도 세계 여러 나라 의사들까지 몰려들어 지금까지 잘 운영되고 있다는 소식이다. 또한 병원 병설로 의과대학까지 설립하여 의료인을 양성하고 있는 중이다. 6·25한국전의 참전과 희생에 대하여 보은을 톡톡히 하고 있는 것이다. 내가 후원하는 이티오피아 짤투 멩기스투도 필요할 때마다 이 병원을 이용할 것이다.

나보다 신앙심이 깊은 집사람 김숙희 권사는 나와 결혼 이후 나의 봉급을 관리해 오면서 매월 월급봉투에서 십일조를 꼬박꼬박 떼어내어 교회에 헌금하였다. 부활절 추수감사절 크리스마스 등 교회 절기나 큰 교회사업을 진행할 때도 감사나 건축헌금 명목으로 참여하였고, 매 주일예배 때마다 주일헌금을 내었다.

우리 부부가 평생 교회에 냈던 헌금이 구체적으로 어디에 어떻게 쓰였는지 알 수는 없지만 우리 명성교회가 국내는 물론 세계 도처에 펼치고 있는 선교사업에 쓰였을 것이고, 에티오피아 병원 건립과 의과대학 건립 및 운영에도 틀림없이 쓰였을 것이다. 이에 큰 보람과 기쁨을 느낀다.

매월 25일에 내 용돈 통장과 집사람, 그리고 둘째딸 은영이 통장에서도 큰 돈은 아니지만 꼬박꼬박 빠져나가는 후원금은 절망에 빠져 있는 어린이에게 희망의 미소를 주었을 것이고, 어린이가 속한 가정에 기쁨과 소망과 생기를 불어넣었을 것이다.

비록 적은 돈이지만 우리 가족이 후원하는 어린이가 10배 100배 결실을 맺어 그 가정과 사회, 그리고 인류 공동체에 크게 공헌할 것을 기도한다.

짤투 멩기스투 어린이와 맺은 결연과 후원은 나의 삶의 보람이요 기쁨이다. 내가 이 땅에서 좀더 살아야 할 이유가 되었다.

내 용돈 통장 지출란에 월드투게더가 인출해 갔다는 한 줄의 기록은 내 눈에는 금빛으로 빛나 보였다.

어느
야숙인

1998년 가을은 IMF 한파가 매섭게 몰아치고 있었다. 광나루 지하철역을 나와 사무실로 가는 길은 한강 둑을 넘어온 바람으로 제법 쌀쌀했다.

출근하자마자 커피타임 겸 직원회의가 열렸다. 그때 한 직원이 우리 동 관내에 노숙자 한 사람이 있다는 보고를 하였다. 서울역이나 청량리역 등에는 수백 명의 노숙자가 있지만 평소에 송파구 관할에는 거의 노숙자를 볼 수 없었다. 더구나 우리 동 관내에는 지하도 같은 노숙할 만한 곳이 없는데 예상 밖이었다.

갑자기 옛날 상도동 산동네에서 돈 없어 병원 한 번 가보지 못하고 죽었을 한 소녀의 얼굴이 떠올랐다. 그때 나는 산동네 무허가촌 통 담당을 맡고 있었다. 내가 동네 길을 지날 때마다 초등학교 2, 3학년쯤 되어 보이는 소녀가 담장도 없는 길갓집 마루에 앉아 콜록거리고 있는 것을 볼 수 있었다. 어디가 좀 아픈 애인가 보다 하면서 별 관심 없이 통내 일을 보면서 바쁘게 지나다녔다. 그런대 한 1년 쯤 지났을까. 어느 날부터 그 소녀가 보이지 않는 것 같았다. 주위 사람들에게 물어보니 얼마 전 병으로 죽었다는 것이다.

나는 3여년 만에 그 근무지를 떠났고, 세월은 흘러 수년이 지났는데 자꾸 그 가엾은 소녀의 얼굴이 떠오르는 것이다. 지금 생각해 보면, 그 소녀는 폐결핵을 앓았을 것이고, 병원 치료를 받았으면 살 수 있었을지도 모르는데 돈이 없어 병원 한 번 가보지 못하고 죽었을 것이란 생각이 들었다.

당시 구청에서는 관내 큰 병원들의 협조를 얻어 구청장이 추천한 몇 명의 영세민에게 진료비를 감면해 주거나 무료로 진료해 주는 제도가 있었다. 영세민 무료 진료권이라 할 수 있는 녹색카드를 동사무소 사회담당이 구청으로부터 받아 와서 몇 장씩 보유하고 있었다. 통 담당인 내가 그 소녀의 병에 대하여 좀더 관심을 가지고 그 녹색카드를 얻어 병원 치료를 받게 했더라면 혹시 그 소녀가 살았을지 모른다는 생각이 들었고, 그렇게 하지 못한 내 행동을 생각할 때마다 두고두고 후회가 되곤 하였다.

'내 관할 내에서 혹시라도 옛날처럼 나의 무관심으로 뒷날 후회할 일이 생기면 안 되지!' 하는 생각이 들었다. 회의를 끝마치고 직원과 함께 노숙한다는 장소에 가보기로 하였다. 한강 강둑을 넘어 올림픽대로 다리 밑으로 내려갔다. 지금 아산병원 옆 성내천 위로 아주 야트막한 다리가 놓여 있는데 그 다리 밑에서 노숙한다는 것이다. 다리와 경사진 제방 사이 좁은 공간에서 잠을 잔다는 것이다.

덤불을 제치고 다리 밑으로 접근, 허리를 굽혀 굴속 같은 좁은 공간을 들여다보았다. 갈대 줄기 같은 풀을 바닥에 깔고 잠을 잔 흔적이 남아 있었다. 옆에는 담요 한 장과 취사 용기 몇 개가 가지런히 놓여 있었다. 다리 위로 다니는 승용차와 화물차 소리가 꽤 시끄러웠다. 그러나 제방과 다리 그리고 덤불숲이 바람을 막아 주어 그렇게 얼어 죽을 정도는 아닌 것 같았다. 다소 아늑하다는 느낌마저 들었다. '하고 많은 다리 밑 두고 하필 이곳 후미진 곳에 고라니마냥 잠자리를 마련했을까?'

하는 의문이 들었지만, 저녁 잠자리만이라도 사람들의 눈에 띄지 않는 장소를 잡았을 것으로 생각되었다.

예수님은 "여우도 굴이 있고 공중의 새도 집이 있으되 인자는 머리 둘 곳이 없다"고 한탄하셨는데 이 사람은 여우굴처럼 그나마 여기에 잠자리를 마련한 것이다. 담당 직원은 화재의 위험이 있으니 다른 곳으로 옮겨 가도록 철거하자는 의견을 내놓았다. 나는 직원에게 "한 나라의 국민으로서 이런 곳에마저 눈 붙일 자유가 없다면 하늘로 오르란 말이냐! 외국으로 나가란 말이야!"고 반문하였다. 그리고 그냥 그대로 놔두도록 하였다.

다시 제방 위로 올라와 그 청년을 찾아보기로 하였다. 그는 알루미늄 깡통 몇 개를 주워 팔아서 하루 식사를 해결한다고 하였다. 그는 늘 한강변 둔치 공원에서 개 한 마리 데리고 논다고 하였다. 청년은 지금 어디서 노닐까 하고 한강변 둔치를 쭉 훑어보았다.

동천에 해는 떠서 워커힐아파트와 올림픽대교 밑 물 위에 반짝이고 있었다. 다소 찬 바람은 갈대밭을 가볍게 흔들고 있었다. 저 멀리 광나루 쪽 한강공원 아스라이 한 청년이 눈에 들어왔다. 손에 회초리 같은 작은 막대기를 들고, 풀벌레라도 잡는 듯 풀섶을 헤치고 있었다. 직원은 저기 보이는 청년이 이곳 다리 밑에서 노숙하는 청년이 맞는 것 같다고 하였다. 나는 잠자리가 길가가 아니고 들이니 露宿이라기보다는 野宿이 맞을 것 같다고 말하였다. 옆에 개는 보이지 않았으나 지극히 평화로워 보였다.

나름대로 먹을 것과 추위로부터 최소한의 안전을 확보한 가운데, 복잡하고 험난한 세상과 좀 떨어져서 자유를 마음껏 누리고 있는 것 같았다. 한강변 어느 野宿人, 그는 고대 그리스 철학자 디오케네스처럼 자유인이었다. 나는 물론 알렉산더 대왕처럼 무엇이던지 그를 도와 줄 수 있는 사람도 아니었다. 관할 지역 책임자로서 주민을 보호한다는 명분으로 그가 누리고 있는 삶의 자유마저 방해하지는 말아야겠다는 생각이 들었다.

사무실에 돌아와 사회담당 직원에게 이웃돕기로 들어와 있는 성금에서 라면 한 박스를 사서 굴 속 같은 그 청년의 보금자리에 넣어 주도록 하였다. 그리고 그 일은 그걸로 종결하였다.

겨울이 지나고 봄날이 다가와 그곳에 다시 가보았다. 그 청년은 어디론가 가버렸는지 보이지 않았다. 그가 누웠던 잠자리에는 새싹들만 파랗게 자라나고 있었다.

지금쯤 그 청년은, IMF를 조기에 극복하고 세계로 뻗어나가는 자유대한민국의 하늘 아래, 건강한 시민으로 잘 살아가고 있을 것 같은 생각이 들었다.

대한민국을 살려주세요

1983년 그 해는 국가적인 큰 사건사고가 많은 한 해였다. 특히 북한과 중공으로부터 미그21기가 많이 날아 들어왔다. 그해 8월, 대학 하기 출석수업을 받고 있을 때에도 중공 손천근이 미그21기를 몰고 서해 우리 영공을 통해 귀순해 왔다. 인천과 서울 일원에 대피명령이 발령되고 온 나라가 발칵 뒤집히는 사건이 벌어졌었다. 미그21기의 공습경보에 혼이 나간 우리 학생들은 수업을 중단하고 모두 집으로 돌아갔다. 나는 우리 집 현관문을 열고 거실에 들어서자마자 아내와 두 딸애를 끌어안고 안도와 기쁨의 포옹을 했다. 전쟁이 터졌다면 나는 바로 직장으로 달려가 초기 전시행정 수행에 임해야 했을 것이다.

전시에는 아내가 두 딸애들을 책임지고 보호하여야 한다. 오늘 공습경보 방송을 듣고 얼마나 놀랐으며, 그 긴박했던 순간에 무슨 조치를 했느냐고 아내에게 물었다. 집사람은 통곡을 했다는 것이다. 큰 소리로 막 울면서 상계동 친정아버지께 전화를 걸고 시골 외숙 집에도 전화를 했다는 것이다.

그때 애들은 어떻게 하고 있었는지 물었다. 집사람이 한참을 울면서 여기저기 전화를 하는 순간, 집사람 옆에서 놀고 있던 둘째아이가 안 보여서 찾아보니 안방 문짝 뒤에서 기도를 올리고 있었다는 것이다.

방문을 열면 그 문과 벽 사이 30cm 정도 좁은 공간이 생기는데 그 좁은 공간에서 무릎을 꿇고 두 손을 모아 추겨들고 기도를 드리고 있었다는 것이다. 믿음이 좋다는 집사람에게 애만도 못하다고 핀잔을 주고, 은영이게 어떻게 기도했는지 물었다.

딸아이의 답변은 “하나님 아버지! 우리 대한민국을 살려 주세요!” 이렇게 반복해서 기도했다는 것이다. 아니 4살 먹은 아이가 “우리나라 살려주세요!”라고 기도하면 어린애다운 자연스러운 기도가 되었을 터인데, 그 순간에 대한민국이란 우리나라 정식 국호를 불러가면서 기도하였다는 것이 놀랍고, 신기하기도 했다. 나는 숙연한 마음으로 애의 얼굴을 다시 한 번 쳐다보았다. 저 애가 무슨 애국심이 있어서 그 긴박한 순간에 나라를 위하여 그리도 간절히 기도 했을까 하는 의문이 들었다.

비록 어린 아이지만 자기 생명 보전에 위기를 느끼는 절체절명의 순간에는 삶의 본능 같은 것이 발현되었을 것이란 생각이 들었다. 국가라는 실체를 막연하나마 알았을 것이고, 국가의 안전이 자기 생명 유지와 직결되어 있다는 것을 본능적으로 인식하고 있었을 것이라는 것이다.

엄마와 아빠는 정말 위기 앞에는 4살짜리 딸아이의 생명을 지켜주기에도 한없이 무력했던 것이다. 그래서 딸아이마저 아빠 엄마를 재처두고 전지전능하신 하나님 앞에 우리 대한민국의 안전을 그토록 간절히 기원했고 기도했을 것이다.

나는 그날 이후 우리나라가 IMF을 만났을 때, 1994년 제1차 북핵 위기와 연평도 폭침으로 남북 간에 전쟁 위기에 내 몰렸을 때도 내가 우리 국가를 위하여 또 우리 사랑하는 두 딸들의 생명과 행복을 지켜주기 위하여 할 수 있는 일이라곤 4살짜리 우리 딸아이처럼 내가 믿는 하나님께 기도하는 일 외에는 아무것도 없었다. “하나님 아버지! 우리나라를 구해 주세요! 제발 좀 우리 민족을 도와주세요!”

하나님께서는 우리 국가의 위기 때마다 우리 가족, 아니 애국심 넘쳐나는 우리 온 국민의 간절한 기도를 들어 주셨다. 그렇게 위기를 극복하고, 우리나라는 오늘날 눈부시게 성장하고, 발전하고 있는 것이다. 하나님 앞에 감사하지 않을 수 없다.

1983년 사건사고 일지

—1983. 2. 25. 10:58, 북한 이웅평 대위가 미그19기를 몰고 귀순해 왔다.

—1983. 5. 5. 13:57 중공 민항기가 납치돼 춘천 비행장에 불시착하였다.

—1983. 8. 7. 15:19 중공 조종사 손천근이 미그21기를 몰고 귀순해 왔다.

—1983. 9. 1. 03:26 KAL기가 사하린 상공에서 소련에 의해 격추되어 승객 16개국 269명이 사망했다.

—1983.10. 9. 10:29 미안마 아웅산 묘지 폭파 사건이 발생 17명이 사망했다.

칼레 시민

〈칼레 시민〉은 〈생각하는 사람〉과 함께 조각가 로댕의 대표작품이다. 집사람과 나는 파리에 있는 로댕미술관 방문에 앞서 영국 런던에서 유로스타(Eurostar)를 타고 칼레(Calais)시를 경유하여 프랑스 파리로 왔었다. 칼레는 도버해협에 면해 있는 프랑스의 작은 해안도시다. 지금은 영국 쪽의 가장 가까운 해안도시 도버(Dover)와 칼레 사이에 해저터널이 뚫려 있고, 이 해저터널을 통하여 런던에서 파리까지 유로스타가 달린다.

잉글랜드 에드워드3세 왕은 백년전쟁(1339년~1453년)을 벌인지 10년 만에 필립6세가 왕으로 있는 프랑스를 다시 침공하였다. 영국군은 프랑스 파리를 침공하기에 앞서 전략적 교두보이자 요충지인 칼레를 먼저 공격하였다. 용감한 칼레 시민들은 영국군의 공격에 무려 일년을 넘게 완강하게 저항하며 버티다가 결국 항복하고 말았다.

영국군은 파리를 침공하는데 완강한 칼레 시민들의 저항으로 인하여 일년을 넘게 지체될 수밖에 없었고, 영국군의 전력 손실도 그만큼 컸었다. 잔뜩 화가 난 에드워드왕은 칼레 시민을 한 사람도 남김없이 모두 죽이기로 작정하였다. 그러나 주변 참모들의 강력한 만류로 시민대표 여섯 명만을 뽑아 처형하기로 마음을 고쳐먹었다.

에드워드는 "모든 칼레 시민의 안전을 보장하겠다. 그대신 여섯 명의 시민대표를 뽑아 와라! 그들을 칼레 시민 전체를 대신하여 처형하겠다."라고 명령하였다. 이 소식을 들은 칼레 시민들은 모든 시민의 안전을 보장하겠다는 말에 환영하며 박수를 쳤다. 그러나 여섯 명의 시민대표를 누구로 뽑을 것인가의 문제를 놓고는 다시 혼란에 빠지고 말았다.

이때 칼레에서 가장 부유하고 존경받는 외스티슈 드 생피에르가 자진하여 대표가 되겠다고 나섰다. 이어서 칼레시의 고위관료, 법률가, 상인 등 유력인사 다섯 명이 차례로 더 나섰다. 이렇게 하여 소위 상류층 인사 여섯 명이 자진하여 희생됨으로써 칼레 시민 전체의 목숨을 구할 수 있었다.

그때로부터 500년의 세월이 흘렀다. 칼레 시민들은 옛날 자랑스러운 여섯 명의 시민대표를 기념하기 위하여 로댕에게 조각상 제작을 의뢰하였다. 칼레 시민들로부터 조각상 제작을 의뢰 받은 로댕은 11년이나 걸려 조각상을 완료하였다. 드디어 1895년 6월 칼레시 청사 앞에 〈칼레의 시민〉 조각상을 세워 제막하였다.

우리가 센 강 남쪽 샹젤리제 거리를 걸었을 때는 가로수 나뭇잎들은 다 떨어져 있었다. 그러나 가로수 아래 잔디밭은 여전히 파랗고 아름다웠다. 로댕미술관은 샹젤리제 주변 앵빌리드 군사박물관 옆에 있었다. 1728년에 지어진 로코코풍의 저택인데 지금도 아름다웠다.

로댕이 죽기 전까지 9년 동안 이 집에서 살면서 조각 작업을 하였다고 소개되어 있었다. 이 저택은 로댕의 유언에 따라 로댕의 죽음과 동시에 프랑스 국가에 헌납되었고, 이후 기념관 겸 미술관으로 이용된다고 한다. 우리가 미술관 정원에 들어섰을 때 정원은 조각품처럼 잘 다듬어져 깔끔하고 예뻤다.

우리가 미술 책에서 늘 보와 왔던 〈생각하는 사람〉은 미술관 오른쪽 정원에 위치해 있는데 사람 키보다 높은, 조경수에 둘러싸인 좌대 위에 앉아 있었다. 미술관 왼쪽 정원에는 또 하나의 로댕의 대표작 〈칼레의 시민〉 여섯 명의 군상이 잔디밭에 서 있었다. 내복 차림에 목줄을 메고 있는 여섯 명의 얼굴 표정들은 직업과 신분에 따라 괴로워하는 사람, 늠름한 사람, 겁에 질려 있는 사람, 얼굴을 감싸고 우는 사람 등 다양한 표정과 포즈를 취하고 있었다.

로댕의 손에 의해 칼레의 시민 조각상이 완성되었을 때 칼레 시민들은 작품을 보고 매우 실망하였다고 한다. 칼레 시민이 상상했던 조각상의 모습은 힘 있고 늠름한, 전쟁영웅 같은 모습이었던 것이다. 그러나 로댕의 생각은 달랐다. 얼굴의 모습이나 죽음을 대하는 태도는 보통 사람과 다르지 않지만은 이들의 희생정신과 솔선수범의 정신을 높이 평가하고 싶었던 것이다. 그래서 6명의 군상은 죽음 앞에 보통 사람들이 가질 수 있는 다양한 얼굴 표정뿐만 아니라, 서 있는 받침대도 높지 않는, 관람하는 사람의 눈높이에 맞추어 서 있도록 설계 제작되었다고 한다. 오늘날 6명의 이들 칼레 시민은 노블레스오블리주(noblesse oblige)의 표상으로 추앙받고 있다. 우리나라 사회 지도층 인사들도 칼레의 시민을 본받았으면 좋겠다.

브론즈 조각상의 색깔은 우리 집사람이 입고 있는 롱코트의 색깔과 같았다. 집사람도 〈칼레의 시민〉 옆에 서서 기념사진 한 장 짤각, 2006. 11. 26. 오후 8시 11분이었다.

로댕의 조각 작품 〈칼레의 시민〉은 세계 12개 장소에 정품이 설치되어 있다고 한다. 우리나라 삼성문화재단에서 운영하는 태평로 플라토 미술관에도 로댕의 대표작 〈생각하는 사람〉 〈칼레의 시민〉 〈지옥문〉 등 3점을 보유 상설전시하고 있다. 이 같은 사실은 우리가 이번에 로댕 미술관을 다녀온 후에야 알게 되었다.

미 서부 여행

우리 부부는 잠실 롯데호텔 앞에서 인천국제공항으로 가는 리무진 버스를 탔다. 공항 출국장에서 미국 서부 여행단 모집 여행사와 첫 미팅을 하고 가이드의 안내에 따라 출국 수속을 진행하였다. 오후 5시 30분 UA808편에 탑승, 미국 첫 관광지 샌프란시스코를 향하여 출발하였다.

미국까지 가는 동안 밤은 계속되었고, 날씨는 매우 좋았다. 비행기 안은 에어컨 때문에 추웠고, 음료수는 아낌없이 서비스되는데 두 번의 식사는 그렇게 좋은 것은 아니었다. 비행기는 10시간 30분만인 현지시간 11시 30분에 샌프란시스코 국제공항에 도착했다.

여행 첫째날 금요일, 12시경 공항 터미널을 나오자 현지 가이드가 우리 여행단을 맞이하였다. 삼호관광버스로 샌프란시스코 시내 어느 한 식집으로 갔고, 그곳에서 첫 식사는 한식이었다.

미국 서부 첫 관광은 금문교 다리 밑을 배를 타고 가서 한 바퀴 돌아오는 것부터 시작되었다. 식사 후 시내 해안가 39번 부두로 가서 Blue& Gold Fleet라는 유람선을 탔다.

유람선은 베이(bay) 한가운데에 있는 작은 돌섬 Alcatraz라는 구 미연방 형무소 옆을 지나갔다. 가이드는 그곳이 형무소로 이용된 경위와 그 형무소에 수감되었다는 유명한 마피아 두목 이야기로 열을 올렸다.

그리고 1937년도에 건설 개통되었다는 샌프란시스코의 명물 Golden Gate 밑을 돌아왔다. 선착장 부근의 자가용 요트들과 바다사자들이 바위에 올라앉아 노는 것을 보는 것도 관광거리였다. 첫날 밤은 Park plaza 호텔에 투숙하였다.

여행 둘째날 토요일, 아침 일찍 둘째 날 여행에 들어갔다. 금문교 남단 Fort poime 소공원에서 산책과 기념촬영을 하였다. 금문교 다리 상판을 달아 메고 있는 철사 줄의 굵기가 양팔을 벌려 안아도 한 아름을 넘었다. 주로 중국 노동자들이 다리 건설에 동원되었는데 건설도중 사고로 많이 죽었다고 소개되어있었다. 우리 부부는 금문교 다리를 중간쯤 걸어 건너가다가 되돌아왔다. 금문교 북쪽 끝에 위치한 Lime point에서 금문교를 조망하면서 기념촬영을 한 후 요세미티 국립공원을 향하여 출발하였다. 끝없이 펼쳐진 평원과 대농장, 미국은 축복받은 나라임에 틀림없는 것 같았다. 점심은 농장 가운데 있는 미국인 노부부가 운영하는 기념품판매 가게에서 도시락으로 먹었다.

이날 오후 요세미티 공원에 도착하여 하프 돔과 엘카피탄 바위 면사포 폭포 등을 관람하였다. 요세미티공원 관광을 마친 후 오후 늦게 사막 가운데 있는 도박의 도시 라스베가스를 향하여 출발하였다. 농장지대를 지나다가 캘리포니아 최대 농업도시며 건포도의 고장이라는 Fresno에 도착 Best Western 호텔에서 투숙하였다.

여행 셋째날 일요일, 호텔에서 한식으로 조식을 마친 후 관광버스는 다시 라스베가스를 향하여 출발하였다. 캘리포니아 최대 포도밭 농장지대를 지나고, 끝없이 펼쳐진 모하비 사막을 지나갔다. 사막 여기저기에 수천기의 풍력발전기가 돌아가고, 땅속 유공에서 수백기의 디딜방아가 머리를 끄덕끄덕 기름을 퍼 올리고 있었다. 미국이란 나라는 땅은 끝없이 넓고 저렇게도 자원이 풍부하니 한없이 부러웠다.

사막 가운데 교통의 요충지 바스토우에 도착하였다. 시칠리라는 양식 뷔페식당에서 점심을 들게 되었는데 음식이 매우 짜고 입에 맞지 않았다. 오후에는 라스베가스 가까이 있는 은광 촌이란 곳에 들러서 관광과 사진촬영을 하고, 라스베가스에는 저녁 무렵 도착하였다.

라스베가스에 도착하자마자 30불을 선택 관광 요금으로 내고, 시내 야경관광에 나섰다. 유명 호텔마다 일반 관광객을 위하여 호텔 밖 야외에서 호텔별로 특색 있는 쇼를 연출하였다. 대표적인 것 들이 분수쇼, 화산 쇼, 천사와 악마 싸움, 상선과 해적과의 싸움, 프리몬트 스트리트 의 빛의 제전 등이었다. 시내 한식당에서 저녁식사 후 Riviera호텔에 투숙하였다.

호텔을 나와 밤늦게 햄버거 집에 들러 햄버거를 사들고 라스베가스 밤거리를 걸으면서 집사람과 많은 대화를 나누었다. 처음 가본 카지노는 게임기를 다루는데 익숙지 않아 흥미가 없었다. 호텔에서 보여주는 대부분의 쇼는 퇴폐적인 것이 많고, 이런 화려한 곳은 우리 부부와는 어울릴 수 없는 곳이었다.

여행 넷째날 월요일, 호텔에서 약식으로 식사를 한 후 그랜드캐니언을 향하여 출발하였다. 가는 도중 차를 멈추고 길가 전망대에서 후버댐을 내려다보았다. 세계 대 공항 해결을 위한 뉴딜정책의 일환으로 추진한 대규모 건설사업, 댐 높이 221m, 길이 411m라지만 댐의 규모가 엄청 커 보이질 않았고 깔끔한 주변 마무리가 돋보였다. 점심은 교통 요충지 킹멘이란 지역 한식당에서 때워 넘겼다.

미국 최대의 관광코스 그랜드캐니언에 오후 3시경 도착하였다. 산 위에 도착했을 때 비가 약간 오는 듯 하였으나 날씨는 곧 좋아졌다. 계곡 밑을 흐르는 실 날 같은 푸른 콜로라도 강줄기와 계곡 건너편 시루떡 같은 지층의 색깔까지도 선명히 볼 수 있었다. 사진 촬영하기에도 매우 좋았다.

오후 3시 30분에는 그랜드캐니언 아이맥스 영화관에서 「〈그랜드캐니언 —그 숨겨진 비밀들〉을 관람하였다. 그랜드캐니언의 역사와 야생동물, 볼거리 등을 구석구석 보여주었다. 나는 너무 감격한 나머지 눈물을 흘리고 말았다. 내용이 무슨 슬퍼서도 아니고 나는 눈물이 너무 많은가 보다.

이곳에 온 길을 되돌아 가다가 킹멘에서 저녁을 먹고, 콜로라도 강가 휴양도시 라폴인 이란 곳에 도착 Liver Patms 호텔에 투숙하였다. 여장을 풀고 호텔 카지노장에 들려 처음 게임기를 만져봤다. 첫, 기분 좋게 20불을 땄다. 이거야 말로 미끼라고 했것다. 바로 게임을 중단하고 호텔 밖을 나와 집사람과 함께 콜로라도 강가를 산책하면서 끝나가는 서부여행 밤을 즐겼다.

여행 5일째 화요일, 관광버스는 아침 일찍 호텔을 출발하여 LA를 향하여 달렸다. 또다시 끝없이 펼쳐진 모하비 사막을 달려 바스토우에 도착하였다. 올 때와 다른 한식집에서 아침식사를 맛있게 해결하였다. 사막 길과 농장지대를 지나 점심때 LA에 도착하였다. LA 영미옥에서 김치에 고추장을 실컷 먹었더니 장기간 여행으로 굳어진 몸이 확 풀리는 듯 하였다.

오후 시내관광은 유니버설스튜디오, 차이나타운, 허리우드 고등학교, 허리우드, 베벌리힐스, 산타모니카 등을 차례로 방문하였다. 전날까지 관광했던 대 자연경관에 비교하여 오늘 방문한 LA시내 인공시설물들은 별로 감동을 주지 못했다. 오늘 밤은 Westin Hotel에 투숙하였는데, 집사람은 영옥이란 고등학교 동문 집으로 가서 자고 아침에 식당으로 나왔다. 나는 여행지에서 첫 독수공방 신세였다.

여행 6일째 수요일, 이 날은 서부여행 마지막 디즈니랜드를 방문하는 일정이 잡혀 있었다. 대성옥이란 한식당에서 아침을 먹고, 50여분을 달려 디즈니랜드에 도착하였다. 디즈니랜드는 듣던 명성보다 규모도 작고 시설도 별것 아니고 기념품만 열심히 파는 것 같았다. 실망스러웠다. 점심은 디즈니랜드 안에서 집사람은 스파게티, 나는 아메리칸 순대를 사먹었다. 너무 맛이 없고 입에 맞지 않았다. 서부여행 끝이 아름답지도 않았고 좋지도 않았다.

오늘로서 미 서부여행을 마쳤다. 우리는 내일 아침 한국에서 같이 왔던 일행과 해어져야 했다. 몇 날 아니었지만 정든 사람들도 있는데 섭섭하였다. 우리 부부는 LA에서 덴버(Denver)를 경유 세인트루이스(St, Louis)로 가서 장모님 칠순잔치에 참석할 것이다. 이어서 워싱턴과 뉴욕을 방문 미 동부 지역 관광을 계속할 계획이 잡혀 있었다.

미 동부 여행

여행 7일째 목요일, UA1280편은 우리를 세인트루이스 국제공항에 15시 35분 정확히 내려놓았다. 공항 입국장으로 나가자 처남 장모님 선영이 처남댁까지 온 식구가 마중 나와 있었다. 서로 껴안고 손을 맞잡아 흔들고 반가워 못살겠다는 듯 야단이었다. 집사람은 이번 해외여행이 처음이었다. 더구나 가장 사랑했던 친정 식구들이 누구나 살고 싶어 하는 미국 땅에 잘 정착하여 살고 있으니 얼마나 기쁘고 반가우랴 짐작이 갔다.

처남 승용차 편으로 처남 집으로 가 여장을 풀었다. 처남 집은 세인트루이스 다운타운을 약간 벗어나 산골 같은 마을의 단독주택에 살고 있었다. 밤늦게까지 그동안 여행이야기며 고향 소식으로 이야기꽃을 피웠다. 그리고 모든 것이 다 이루어진 듯 오래간만에 편안히 잠자리에 들 수 있었다.

여행 8일째 금요일, 성 루이스라는 도시이름을 가진 세인트루이스는 미시시피강가에 있었다. 미시시피는 인디언 말로 위대한 강이란 뜻이다. 미국 서부개척이 바로 여기 세인트루이스부터 시작되었다고 한다. 그래서 미시시피 강 가에는 서부개척 시작을 기념하여 거대한 스텐레스 아취 탑이 세워져 있었다.

시내에 있는 처남 영업장으로 가서 가게 주변과 다운타운을 구경한 후 미시시피강가로 나갔다. 톰 소녀의 모험이란 소설 장면이 떠올랐다. 바로 이곳이 이 소설의 무대라고 했다. 흐르는 미시시피 강물에 두 손을 담그고 손을 가볍게 씻었다. 맑고 깨끗한 물로 얼굴도 닦아 보았다. 다시 시내로 들어와 미국에서도 가장 아름답고 역사가 있다는 유니온역사(Union; 驛舍)를 관광하였다.

여행 9일째 토요일, 내일 장모님 잔치 준비를 위하여 처남 집을 비워 주기로 하였다. 집사람 처남 어린 막내딸과 함께 장모님 집으로 갔다. 장모님 집에서 쉬면서 많은 이야기를 나누었다. 장모님 사시는 아파트 한 채도 아주 싼 월세로 주 정부가 제공한 것이고, 월세로 낸 돈도 정부 지원금 중 일부로 충당하고 있다고 자랑스럽게 말씀하셨다.

장모님께서 미국생활에 지극히 만족해하시니 다행이고 우리들 마음도 한결 가벼웠다. 저녁때가 되서 처남 집으로 가는 도중 양식뷔페 식당에 들려 만찬을 즐겼다. 미국은 무엇이든지 풍부한 것 같다. 꽃게를 무제한 실컷 날라다 먹었다.

여행 10일째 주일, 장모님 우리 부부 처남 내외와 함께 한인 장로교회에 가서 11시 예배를 드렸다. 예배 중 우리 부부를 교인들에게 소개시켜 주었고 교인들 모두 박수로 환영하여 주었다. 교회에서 점심도 들었다. 세인트루이스는 뉴욕이나 LA처럼 한인이 많이 사는 도시가 아닌데, 몇 백 명의 교인이 모이는 교회가 있다니 대단히 자랑스러웠다. 솔직히 말하면 눈물이 쏟아지도록 감격스럽고 기뻤다.

개신교 복음이 한국 땅에 본격적으로 전래된 것은 1884년 언더우드와 아펜젤러 선교사가 내한하면서부터였다. 그로부터 한국은 우리국민의 28%가 기독교를 믿는 나라가 되었다. 미국에는 300여 만 명의 우리 교포가 건너가 도시마다 자체 교회를 세워서 열심히 신앙생활을 하고 있다. 자랑스러운 민족이 되었다. 이 얼마나 놀라운 사실인가. 우리 한민족은 위대하고 대단했다. 하나님의 은혜 아니고서는 달리 설명할 수가 없을 것이다.

집에 돌아와 한복으로 갈아입고 손님맞이 대비를 하였다. 잔치는 저녁 뷔페로 하기로 하였다. 저녁이 가까워지자 교회 목사님과 교인 60여 분이 처남 집으로 와주셨다. 먼저 축하예배를 드렸다. 그리고 서로 안부를 묻고 인사를 나누며 음식을 먹었다. 음식이 맛이 있어 금방 동이 났다. 칠순잔치 특별히 격식이 있는 것 아니었다. 감사축하 예배를 드리고, 선물을 드리고, 음식을 나누며 덕담을 나누는 것 그런 것이었다.

잔치가 끝나자 선물 보따리를 풀어 선물 구경을 하였다. 다음 날 떠날 여행팀은 여행 보따리를 꾸렸다. 이제 또 남은 힘든 여행과 처남 집과의 아쉬운 이별을 생각하면서 잠을 청하였다. 만나면 헤어지고 헤어지면 다시 만날 수 있는 것, 인생이란 늘 그런 것, 헤어짐은 늘 아쉽고 섭섭하고 슬프기까지 하였다.

여행 11일째 월요일, 점심때쯤 처남과 선영이 장모님 그리고 우리 부부 다섯 사람이 처남 차를 타고 여행길을 떠났다. 동서로 뻗어 있는 64번 고속도로를 탔다. 미시시피강을 건너 동쪽으로 루이스빌, 렉스턴을 지나 찰레스턴 까지 갔다. 한국과 달리 고속도로는 대부분 무료다. 동서남북 그리고 대각선으로 도로망이 잘 짜여져 있었다. 교통량도 비교적 많지 않았고 운전하기에 쉬웠다.

차가 가는 방향으로 주 경계 넘어 첫 휴게소에는 어디나 Welcome Center가 있었다. 이곳에서 지도를 비롯하여 고속도로 주변 관광지 숙박업소 음식점 등 모든 여행정보를 얻을 수 있었다. 여행안내서 한 권만 손에 쥐면 만사가 오케이였다. 그레이소란 도시에서 고속도로를 빠져나와 모텔6에서 첫 밤을 투숙하였다.

여행 12일째 화요일, 하루 종일 고속도로를 달려 오후 4시경 워싱턴 DC에 도착하였다. 벌써 퇴근시간이라 시외로 빠져나오는 차가 많았다. 미국의 수도요 세계정치무대 수도인 워싱턴에 대한민국 수도 서울 시공무원이 오는데 아무도 마중 나와 주는 사람이 없으니(?) 섭섭했다. 분위기가 LA나 서부 여러 도시 분위기와는 사뭇 달랐다. 가급적 세미 정장에 가깝도록 복장을 바꾸어 입었다.

근무시간이 끝나 백악관 경내는 관광할 수 없었고, 백악관을 배경으로 광장 쪽에서 기념촬영을 하였다. 링컨기념관, 제퍼슨기념관, 알링턴국립묘지, 한국전참전용사 공원, 국회의사당, 스미스소니언박물관, 자연사박물관을 차례로 방문 관람하였다. 미국의 역사와 무게감을 느낄 수 있었다.

날이 어두워지자 뉴욕을 향하여 출발하였다. 볼티모어를 지나 미국 독립 당시 역사적인 독립선언서를 낭독했던 두 번째 수도 필라델피아를 거쳐 갔다. 저녁 늦게 뉴욕 가까이 와서 트렌톤 부근 매릴랜드 주 Jappa란 도시로 빠져나와 잠자리를 찾아 나섰다.

여행 13일째 수요일, 오전에 뉴욕 맨해튼에 도착하였다. 뉴욕은 관광 도시만은 아니었다. 오가는 사람들 대부분이 복장을 말쑥이 차려입고 무언가 바쁘게 오갔다. 활기가 넘치는 듯 하였다.

오전에 배를 타고 자유의 여신상을 관람하였다. 자유의 여신상은 미국독립 100주년을 기념하여 프랑스가 선물한 것이다. 여신상은 여러 사진에서 보았던 것보다 훨씬 규모가 커 보였다. 머리 부분에 있는 전망대 관람은 관람객이 너무 많아 포기할 수밖에 없었다. 자유의 여신상, 92m가 넘는 거대한 몸짓으로 새로운 꿈을 안고 고향을 떠나온 수많은 이민자들에게 자유를 약속하며, 횃불을 높이 들어 불러드리고 있었다.

우리가 맨해튼을 방문한 것은 9·11테러가 일어난 해인 2001년 7월 18일이었다. 자유의 여신상에서 맨해튼을 배경으로 찍은 사진에는 세계무역센터 빌딩 두 동이 선명히 보였다. 9·11 테러가 일어나기 불과 55일전 맨해튼 관광이었다.

오후에는 엠파이어스테이트 빌딩과 센트럴 파크를 한 바퀴 도는 것으로 뉴욕관광을 마무리 지었다. 저녁은 뉴욕에 사는 처남 친구로부터 코리아타운 일식집으로 초청받아 대접을 잘 받았고 또 자택으로 가서 하룻밤 신세를 졌다.

여행 14일째 목요일, 아침 일찍 케네디공항으로 가서 11시 20분 발 UA801편을 탔다. 나 홀로 귀국길에 올랐다. 집사람은 떨어져서 미국 동부여행을 계속하였다. 캐나다 나이아가라 폭포를 관람하고, 디트로이트로 가서 친구를 만나 하루를 쉬었다고 한다. 집사람은 시카고를 경유 처남 집을 떠난 지 꼭 1주일 만에 세인트루이스 집에 귀가했다고 전해왔다. 나는 나리타공항을 경유 7월 20일 15일째 되는 날 오후 5시 15분에 인천 국제공항에 무사히 도착할 수 있었다.

내 생애에 가장 기쁜 날

정주영 현대그룹 명예회장이 소 500마리를 몰고 판문점을 통해 남북 군사분계 선을 넘어 방북한 것은 1998년 6월이었다. 정 회장의 소 떼몰이 방북은 세기적인 빅 이벤트로 우리나라는 물론 세계인들을 깜짝 놀라게 했다. 연이어 2차 소 떼몰이 방북이 이루어졌다. 정주영 명예회장만이 할 수 있는 한 편의 드라마였다. 지금 생각해도 가슴 벅차 오른다.

소 떼몰이 방북을 계기로 현대아산이 동해바다에 유람선 금강호를 띄운 것은 1998년 11월 18일이었다. 금강호는 속초항에서 남한 각지에서 몰려드는 금강산 관광객을 가득 싣고 동해바다 북한 영해를 통과 하여 장전항 부두에 내려놓았다. 이렇게 역사적인 금강산 바닷길 관광이 먼저 실현되었다.

2003년 9월, 동해선 육로가 개설됨으로써 꿈에도 그리던 금강산 관광을 육로로 갈 수 있게 되었다. 또 2004년 7월부터는 육로 당일 관광을 할 수 있게까지 발전하였다.

그때 마침 우리 큰딸 은혜가 미국 뉴욕병원에 취업이 되었다는 희소식이 들려왔다. 미국 병원 간호사 취업을 위하여 오래도록 준비해 왔는데 참 잘된 것이다. 은혜는 혼자 괌에 가서 미국 간호사 국가 자격증인 R.N.(Registered Nurse)을 따왔다. 미국에서 간호사는 힘든 일이기는 하지만, 미국 국민들로부터 가장 사랑받고 존경받는 직업 중 하나다. 소방관 다음으로 신용도가 높은 직종이다. 특히 외국인에게는 최고의 직업인 것 같다. 일자리도 많고, 보수도 높은 편이란다.

본인은 애써 준비하고 간절히 바라던 취업이 되었다고 좋아한다. 그러나 아버지로선 기뻐할 수만 없는 섭섭하고 안타까움을 가지고 있다. 그동안 품 안에서 애지중지 키워왔던 딸애와 멀리 떨어져 살아야 하는 아픔이 있는 것이다. 다양한 세계 사람들이 모여 사는 미국 땅에서 외롭게 살아갈 딸이 걱정되기도 하였다.

국내에서 첫 취업이 되어 근무할 때의 일이다. 결혼도 안 한 어린 나이에 철야 야간근무를 한다니 기가 막혔다. 밤새도록 환자들에게 시달릴 것을 생각하니 너무 딱해 보였고 안타까웠다. 불현듯 승용차를 몰고 가 데려와 버리고 싶은 충동이 일었다.

그래도, 어찌하랴. 어차피 헤어져 살아야할 운명인 것을! 집사람도 마음속으로야 섭섭하겠지만 나보다 일찍 마음을 굳힌 것 같다. 나에게 너무 걱정 마라 안심시킨다. 그렇게 못 떨어질 것 같으면 미국으로 이민 가서 함께 같이 살자고 말했다. 좋은 쪽으로 긍정적으로 생각하자고 했다.

이번 기회에 우리 가족여행을 같이 가기로 했다. 은혜 미국 이민 기념 금강산 가족여행을 가기로 한 것이다. 금강산 가족여행, 얼마나 기쁘고 좋은가! 그토록 가보고 싶었던 금강산, 우리 가족 모두가 함께 가다니 꿈만 같다.

즉각 여행 준비에 착수했다. 우선, 직장에서 여름휴가를 내기로 했다. 여행비는 전혀 문제가 되지 않았다. 마침 육로 일일 관광을 계기로 여행사에서 할인 상품을 내놓았고, 많은 돈은 아니지만 내 몫의 서울시 직원 복지 포인트가 많이 남아 있었다.

일시에 평생 나의 모든 소망이 이루어지는 것 같았다. 내 직장 공직생활도 잘 마무리될 것이다. 1년만 더 무사히 근무하면 만 60세 공무원 정년퇴직이 된다. 26세에 서울시 공무원으로 들어와 34년을 근무하고 정년을 맞이하게 된 것이다. 첩첩산골 시골 사람이 대한민국 수도 서울에서, 서울시민의 생명과 안전을 지키면서 시민생활을 돕는 보람된 일에 평생을 받쳤다.

교통 좋고 공기 좋은 곳에 새 아파트도 마련했다. 사랑스런 두 딸애들도 대학교까지 잘 가르쳤다. 둘째 은영이도 좋은 직장을 가기 위해 열심히 준비 중이다. 우리 큰딸은 세계 사람들이 그토록 가고 싶은 미국 시민이 될 기회도 얻었다. 우리 부부도 우리가 원하기만 하면 어렵지 않게 미국 시민권을 얻어서 미국서 살 수 있다고 한다.

2002년에는 멋쟁이가 탈 수 있다는 흰색 중형차 한 대도 새 차로 마련했다. 그리고 우리가 그토록 가보기를 열망했던 금강산을 가다니 모든 것 꿈만 같고, 소원이 다 이루어진 것 같아 기쁨이 컸다.

더 나은 삶을 기대하면서 새롭고도 두려운 미지의 세계를 향해 떠나가는 우리 큰 딸 은혜에게 아름다운 조국을 선물하고 싶다. 조국을 떠나갈지라도 조국의 아름다운 금수강산은 언제나 우리 딸애의 가슴속에 남아, 조국과 고향 산천이 그리울 때면, 언제든지 꺼내보고 힘을 얻을 것이다.

여행 일정은 7월 9일 첫날 오전 10시 승용차 편으로 집을 출발하여 영동고속도로와 중앙고속도로를 통과하여 홍천에서 44번국도와 만날 것이다. 44번 국도를 이용하여 설악산까지 간다. 46번 국도와 7번 동해안 국도를 이용하여 고성 통일전망대 아래에 있는 금강산콘도까지 간다.

금강산콘도에서 일박하고, 10일 아침 8시, 통일전망대 동해선 남북

출입사무소에서 출발한다. 남북분단의 상징인 비무장지대 철조망을 넘어 동해선 육로를 통해 고성 온정리까지 간다. 당일 오전에 금강산 구룡폭포까지 올라간 후 하산하여, 온정각에서 점심을 먹는다. 오후 6시경에 비무장지대 군사분계선을 넘어 귀환한다.

이렇게 우리 멋진 가족여행은 끝날 것이다. 2004년 7월 10일은 내 생애에 가장 기쁜 날이 될 것이다.

아름다운
우리 강산

하늘은 맑고 산야는 온통 푸르다. 날씨도 그렇게 덥지 않고 시원스럽다. 우리 부부와 사랑스러운 두 딸을 태우고 가는 하얀 승용차는 햇빛에 반짝이었다. 동수원IC 입구 주유소에서 연료를 가득 채웠다. 곧장 영동고속도로에 진입 차머리를 강릉 쪽으로 돌렸다. 아직 본격적인 휴가철이 되지 않았나 보다. 차는 막힘없이 시원스럽게 잘 달린다.

'우리 온 가족이 자가용 승용차를 몰고 꿈에도 그리던 금강산을 가다니!' 꿈만 같다. 아름다운 산야는 차창으로 다가왔다가 빠르게 스쳐 간다.

카세트에 테이프를 골라 넣었다. 테너 박인수가 부른 미치도록 아름다운 목소리가 흘러나왔다.

> 누구의 주제런가 맑고 고운 산 그리운 만이천봉, 말은 없어도 이제야 자유만민 옷깃 여미며 그 이름 다시 부를 우리 금강산 수수만년 아름다운 산 못 가본 지 몇몇 해 오늘에야 찾을 날 왔나 금강산은 부른다~.

아름답고 그리운 선율이 기암절벽 높고도 높은 금강산의 영상과 함께 들려오니 자꾸 눈시울이 뜨거워진다.

내가 금강산 관광을 이토록 열망한 것은 〈그리운 금강산〉 가곡을 자주 들으면서부터다. 테너 엄정행이 부른 곡을 좋아한다. 소프라노 조수미가 부른 것은 더 좋아한다. 그리운 금강산은 국내외 유명한 성악가 50여 명의 음반에 수록되었다고 한다. 2002년 한일월드컵 무대에서는 루치아노 파바로티, 플라시도 도밍고, 호세 카레라스가 열창하여 박수갈채를 받았다.

1961년 한국전쟁 11주년으로 KBS가 조국강산을 주제로 모았던 가곡 중 하나이다. 노랫말은 금강산의 절경과 남북 분단으로 인하여 가지 못하는 애틋한 심경과 통일에 대한 염원을 담고 있다. 강화도 출신 한상억이 작사하고 최영섭이 작곡하였다. 인천광역시는 2002년 8월 강화도 출신 작사 작곡자를 기념하기 위하여 높이 6m 무게 60톤의 노래비를 인천종합문화예술회관에 세웠다. 금강산을 오가는 배편은 놓였으나 우리 산하는 두 동강이 나있는 오늘, 온 가족이 한 가족이 될 날을 간절히 염원한다고 건립비문을 썼다.

나도 오늘 이런 심정으로 그리운 금강산 가곡을 듣고 또 들으면서 금강산으로 달려가고 있다.

차는 한 시간 정도 달렸는데 벌써 원주 만종분기점을 지나 중앙고속도로를 달리고 있다. 중앙고속도로는 최근 개통되었다. 산허리를 잘라 쭉 뻗은 4차선도로는 차 한 대도 안 보인다. 내가 달려본 아우토반보다 더 멋지게 속도를 낼 것 같다. 금방 44번 국도와 만났다. 소양호를 좌측으로 내려다보면서 꼬불꼬불 오르락내리락 달리는 44번 국도는 스릴 넘치는 환상적인 드라이브 코스다. 인제 북면 한계리에서 46번 국도로 차머리를 돌렸다.

여기서부터 설악산 국립공원 입구다. 눈길이 자주 소나무며 참나무며 푸른 숲으로 간다. 계곡 물살이 크고 작은 바위에 부딪치어 하얀 포말을 만들어 내고 있다. 보기에도 시원스럽다. 구경은 자기가 할 테니 운전이나 잘 하라고 마누라가 주의를 준다. 흐르는 개울마다 맑고 깨끗한 물하며, 물가온데 놓여있는 갖가지 모양의 돌과 바위들, 설악산 계곡은 늘 보아도 아기자기하고 아름답다.

나는 유럽의 지붕이라 부르는 알프스를 비행기를 타고 세 번 넘었고 관광버스를 타고 세 번을 통과하였다. 그리고 4158m의 융프라우(Jungfrau)와 3020m의 티틀리스(Titlis)를 올라봤다. 인터라켄에서 루체른까지 또 루체른에서 고타르 터널을 지나 이탈리아 밀라노까지 알프스 계곡 길을 따라 가면서 볼 수 있는 정경들은 관광홍보물이나 달력 사진들에서 늘 보았던 그대로였다. 도로를 따라 잘 다듬어진 산자락 초원과 그곳에서 한가롭게 풀 뜯는 양떼, 산골마다 크고 작은 호수, 그 주위로 그림처럼 아름답게 모여 있는 마을 집들은 이국적인 정취를 느끼게 했다.

미국 서부 여행을 하면서 본 미국의 산야는 유럽과는 달랐다. 캘리포니아 주에 있는 요세미티(Yosemite) 국립공원은 1095m 높이의 엘캐피탄 바위, 낙차가 700m가 넘는 폭포를 볼 수 있었다. 애리조나 주에 있는 그랜드캐니언(Grand Canyon)은 수억 년 전에 빙하가 끌고 가면서 만들어 진 협곡과 급류가 빚어낸 대 자연의 장쾌한 스케일과 경이로움을 구경할 수 있었다. 대협곡의 표고는 최고 2,690m, 협곡의 총길이는 460km에 이른다고 한다. 나는 남벽 관람 포인트에서 협곡을 내려다 볼 수 있었고 비행기를 타고 넘어가면서 산 계곡마다 만들어진 협곡을 내려다볼 수 있었다.

북한산 인수봉에서 보는 경관은 미국 요세미티 계곡 바위보다 훨씬 아름답다. 도봉산 포대능선에서 바라본 불타는 듯한 가을 단풍은 한

폭의 그림이다. 승용차를 타고 가면서 아주 가까이서 보는 아기자기한 우리 산야의 모습이 더 아름답다. 나는 우리나라의 산을 좋아하고 사랑한다. 아름다운 강산을 우리 민족에게 주신 창조주 하나님께 진심으로 감사한다.

백담사 입구까지 왔다. 시간이 충분하므로 차를 휴게소에 세웠다. 물가로 달려가 바지를 걷어 올리고 물 속으로 들어갔다. 눈이 시리도록 깨끗하다. 물 가운데 들어가 시원하고 깨끗한 물로 세수를 하려니 혹시 누가 볼까 눈치가 보인다. 물 속 바위 위에 올라앉아 있는 딸애들이 사진을 찍어 달란다. 멋있게 포즈를 잡고 짤깍 멋있는 기념사진이 될 것이다.

다시 차를 몰아 진부령고개를 넘는다. 진부령은 고성군 간성읍 진부리에 있다. 백두대간을 넘어가는 고개 길이다. 진부령 휴게소는 늘 쓸쓸하다. 영업이 잘 안 되는 모양이다. 미시령을 넘어 속초로 가는 56번 국도가 뚫리면서 진부령을 넘어가는 통행인이 적어진 것 같다. 벌써 금강산이 소재해 있는 고성군에 온 것이다. 지금 차는 강원도 고성군을 달리고 있고 금강산은 북한 쪽 고성군이다. 북한 고성군 통천이 정주영 명예회장의 고향이다. 고성군청 소재지에서 7번 해안 국도를 따라 올라 간다. 화진포와 대진항을 조금 지나면 바닷가에 금강산 콘도가 나온다. 그곳에서 일박하고 내일 아침 금강산을 향해 출발할 것이다.

바다도 울부짖고

고성군 현도면 마차진리에 있는 금강산 콘도에 도착했다. 시계를 보니 오후 4시 18분이다. 콘도는 11층 건물로 그렇게 커 보이질 않았지만 경치는 좋았다. 객실이 225개란다. 이번 육로관광길이 열리지 않았다면 밤에는 무섭고 스산해 보일 것 같았다. 현대아산의 금강산관광 사업단이 이 콘도를 현지 사무실로 쓰고 있었다.

바다 냄새가 역겨울 정도로 심하게 났다. 무슨 냄새가 나는지 우선 콘도 앞 바닷가를 둘러보니 다시마가 파도에 밀려와 산더미처럼 쌓여 있다. 아마 물 밖의 다시마가 태양열을 받아 부패하면서 내는 냄새 같았다. 우선 프런트 안내소에 들러 객실을 배정받아 짐을 내려놓았다.

반바지와 티를 입고 집사람과 두 딸애와 함께 바닷가로 나갔다. 물이 깊지는 않고 파도도 심하지는 않아서 물놀이 하기는 좋았다. 집사람은 물에 둥둥 떠다니는 다시마에 눈이 갔다. 이걸 말리면 미역이 될 것 아닌가. 싱싱한 것으로 골라서 건져 올려 바위에 올려놓고 말린다. 집으로 가져갈 모양이다. 나도 다시마를 건져 올리는데 집사람을 도왔다.

바닷바람은 꽤나 심하게 불어왔다. 계속해서 파도가 밀려왔다. 그리고 물 가운데 바위에 부딪쳐 하얀 포말을 일으켰다. 딸애들은 파도타기를 즐겼다. 파도는 계속 몰려왔다 밀려가고 얼굴에 부서지는 파도가 싱그러운 듯 웃음을 터뜨리며 물장난에 여념이 없었다. 바위 위에 올라앉아 포즈를 취하게 하여 내가 사진 몇 방 찍어 주었다.

어둠이 점점 깔려왔다. 바람과 파도의 형세도 점점 드세지는 것 같다. 춥기도 하고 우리는 저녁을 준비하기 위해 콘도로 들어갔다. 네 사람이 지내기에는 콘도시설이 다소 빈약한 것 같다. 밥을 짓고 찌개를 끓이고 물놀이로 몸을 많이 움직였으니 밥맛이 꿀맛 같았다.

밥을 지어 저녁을 해결하는 사이 밖은 완전히 밤이 되었다. 창문을 열고 바다를 보니 고성 앞 밤바다는 낮과 전혀 딴 판으로 변해있었다. 광란 극이 연출되고 있는 것이다. 깊은 어두움이 온 바다를 뒤덮었다. 땅과 바다와 하늘은 하나가 되어 요동치고 있었다. 철썩 철썩 쏴아~ 꿀꺽 꿀꺽~ 비바람에 바다는 울부짖는다. 처음엔 상당한 가랑비가 뿌려지더니 비는 곧 그치는 듯 했다. 우리 방 창문 아래 정원에는 등불이 환하게 켜졌다. 30~40여 명의 사람들이 모여들었다. 주로 중장년들이었다. 여성이 더 많은 것 같았다. 줄을 맞춰 앉아 있는 회원들 앞에 연대가 놓이고 마이크가 설치되었다. 행사가 진행되었다. 플래카드를 보니 "제27회 '심상' 해변시인학교"라 써 있었다. 그러고 보니 낮에 콘도 로비에서 박동규 시인을 보았다. 박동규 서울대학교 명예교수는 분당에 사시는지 분당선 전철에서 여러 번 만났었다. 콘도 정원에서 심상 시인학교가 열렸다.

방 안에서 들으니 초청 강사인 듯한 분의 말씀이 있고, 몇 사람이 마이크를 잡고 시를 낭송 하는 것 같았다. 이렇게 시간이 어느 정도 흐르자 술 파티가 벌어지는 것 같았다. 처음엔 몇 사람이 돌아가면서 노래를 불렀다. 밤이 깊어지자 어깨동무를 하고 흘러간 옛 노래를 부르기 시작했다. 그리고 이어서 "우리의 소원은 통일~, 꿈에도 소원은 통일~, 이 정성을 다해서 통일~, 통일을 이루자~ 이 겨레 살리는 통일,

이 나라 살리는 통일, 통일이여 어서 오라! 통일이여 오라!", 〈우리의 소원〉 노래만 애타게 반복해서 불러대고 있었다.

여기는 삼팔선 동쪽 끝 동해바다다. 심한 풍랑과 함께 칠흑 같은 어둠의 밤바다는 울부짖고, 휘황찬란한 콘도 정원엔 통일을 염원하는 노래가 애절하고 간절했다. 광란교향곡이 연주되고 있었다.

집사람과 애들은 잠을 청하고 있었지만, 나는 도저히 잠을 이룰 수 없었다. 조용히 옷을 주워입고 밖으로 나왔다. 시인학교가 열리고 있는 정원가장자리 광란의 바다를 향해 앉았다. 그리고 분단된 채로 싸우고 또 싸우는 조국의 현실을 생각하며 울고 또 울었다. 바다도 울고 시인들도 울고, 나도 덩달아 울었다.

반세기가 지나도록 남북으로 분단된 조국의 고통과 아픔과 분노는 고성 앞 바다를 울부짖게 만들었다. 남북간의 화해와 교류를 앞에 두고 보수와 진보의 극심한 남남갈등은 정몽헌 회장을 자살하게 만들었다. 통일을 염원하는 민초들의 간절한 소망은 저렇게도 애절한 통일의 노래가 되어 북녘하늘을 흐르고 있었다.

남쪽으로 조금 떨어진 곳에 대진항 등대가 서 있다. 어두운 바다를 향해 빛을 발하고 있었다. 주체 할 수 없이 흐르는 눈물을 멈추고, 나는, 등대를 향하여 두 손을 모았다. '당신 같은 늠름하고 걸출한 민족 지도자를 보내 달라고, 그리고 이 지긋지긋한 싸움을 멈추게 해 달라고, 저 멀리 멀어져간 통일호를 되돌아오도록 인도해 달라고.'

출발을 기쁘고 즐거웠는데 이 밤은 한없이 슬펐다.

군사분계선을 넘어

역사적인 새 날이 밝았다. 오늘에야 우리 대한민국 헌법상 엄연히 우리나라 영토인 북쪽 땅을 밟고, 금강산을 꿈이 아닌 현실로 오르게 될 날을 맞이하게 된 것이다. 집사람이 아침 식사를 준비하는 동안 나는 회의실로 갔다. 통일부에서 금강산 여행허가증을 나누어 주었다. 나는 우리 가족 네 사람의 허가증을 받아들고 회의에 참석하였다.

아침 6시다. 일찍 서두르는 것 같다. 회의 내용은 여행할 때 꼭 필요한 주의사항을 안내하는 것이었다. 카메라를 일일이 검사하였다. 원거리 촬영을 할 수 있는 카메라는 휴대를 제한하였다.

세 대의 관광버스에 올라탔다. 우리가 타고 갈 관광버스는 상우고속이다. 버스 세 대에 탈 수 있는 인원이니 우리 일행이 100명쯤 된 것 같았다. 고성 통일전망대 출입사무소까지 몇 분 만에 금방 갔다. 동해선 남북출입사무소는 금강산콘도에서 5킬로미터, 한 5분 만에 갈 수 있는 거리에 있었다. 출입사무소에서 출경검사를 받은 후 다시 버스를 탔다. 버스는 오전 6시 30분경 동해선 도로로 들어섰다.

동해선 육로는 이번 금강산 육로관광 사업을 위하여 남북이 합의하여 새로 건설한 역사적인 도로다. 고성 통일전망대에서 군사분계선까지 4.2킬로미터 남측 구간, 군사분계선에서 온정리 금강산까지 20킬로미터 북측 구간, 다 합하여 24.2킬로미터다. 자동차로 천천히 가도 30분이면 갈 수 있는 아주 짧은 거리다.

남측 출입사무소를 출발한 지 10여 분이 지나자 비무장지대 남방한계선을 표시하는 철조망이 나왔다. 드디어 관광버스가 철조망을 끊고 만든 출입문을 통과하여 비무장지역으로 들어갔다. 만감이 교차한다. 이 조그맣게 철조망을 끊어내고 도로를 내기 위해서는 반세기가 넘는 세월이 필요했다. 수많은 사람들의 피와 눈물이 뿌려졌다. 통일을 열망하는 애국 애족 지사들의 희생이 있었다.

소위 한반도에 38선이 그어진 것은 1945년 세계2차대전 종전과정에서 미군에 의해서였다. 38선을 경계로 남북한 정부가 들어서면서 굳어졌다가 1950년 한국전쟁 발발로 38선은 무너지는 듯했다. 그리고 유엔군과 북한 사이에 휴전협정이 맺어지면서 새롭게 휴전선이라 부르는 현재의 군사분계선이 그어졌다.

38선이나 휴전선은 우리 민족의 의사와는 상관없이 외세에 의해서 그어졌다. 외세에 의하여 그어진 휴전선을 아직도 우리 민족 스스로의 힘으로 풀지 못하는 현실이 너무나 안타까웠다.

나는 조용히 눈을 감고 휴전선 철조망을 끊어내고 동해선 도로를 만드신 분들의 희생과 노고에 감사의 기도를 드렸다. 그리고 서해에서 동해까지 155마일 철조망이 걷어 치워지기를 소망했다. 이 조그마한 철조망 구멍과 새로 뚫린 동해선 도로를 통하여 자유의 바람이 북으로 북녘으로 마음껏 흐르게 하고, 마음과 마음, 情과 情이 강물같이 흐르게 해달라고 빌었다.

차가 비무장지대에 들어서자 관광안내원이 다시 한 번 주의사항을 안내하고 있었다. 귀로는 안내말을 듣고, 눈은 차창 밖의 산야를 보면서 수많은 상념에 잠겨 있었을 때 갑자기 이상한 세계가 다가왔다. 남측 비무장지대의 푸르고 무성한 야산은 풀 한 포기 없는 황토색 민둥산으로 변해 있었다. 논밭의 농작물마저 일찍이 크기를 멈춘 것 같았다. 멀리 보이는 몇 사람의 농사꾼과 보초 서는 군인들은 이상한 난쟁이 나라에서 온 것같이 왜소하고 무표정하고 말이 없었다.

북방한계선인가 보다. 몇 명의 군인이 우리들이 타고 가는 차를 도로 위에 세웠다. 그리고 우측 전방 200m 거리, 산기슭 군 막사에서 여섯 명의 군인이 2열 종대로 마치 로봇처럼 팔다리를 흔들면서 줄을 맞춰 우리차로 다가오고 있었다. 그 순간 차 안에 있는 모든 사람들의 시선은 이들의 행동에 고착되어 있었다. 생각도 말도 표정도 정지되어 있었다. 산에 있는 나무들도 논밭에 심어진 농작물도 북측 병사들도 관광버스 안의 관광객들 생각도 온 세상이 일순간 정지된 것처럼 보였다. 갑작이 이상한 세계에 우리가 들어와 있었다.

이들 6명의 병사가 차안으로 올라와 검열을 하고 내려간 후 올 때와 똑같은 동작으로 돌아갔다. 이때 비로소 차가 다시 움직이기 시작했다. 그리고 차 안에 있는 우리들도 긴장이 조금 풀리면서 이상한 세계로부터 정신이 돌아왔다.

우리가 처음 타고 온 관광버스는 북방한계선을 지나서 온정리로 달려가고 있었다. 사실 나는 북한지역부터는 북한 측에서 보내주는 버스로 갈아탈 줄 알았었다. 그런대 우리 남한에서 타고 온 관광버스가 그대로 군사분계선을 넘어서 이북 땅 금강산까지 가고 있으니 이 또한 예상하지 못했던 놀라운 일이었다.

도로를 따라 50m 정도 떨어진 거리에 녹색 철조망이 쭉 처져 있었다. 철조망 넘어는 논밭으로 꾀 넓은 평야가 펼쳐지고 있었다. 농사 짓는 사람들이 몇 명씩 보이기는 하지만 넓은 논밭 경지에 비하여 사람이 절대 부족하고, 마을도 많아 보이질 않았다. 우측으로 조금 멀리 동해 바다가 보였다. 바닷물 위로 조그마한 바위 섬들이 보일 듯 말 듯, 안내원은 삼일포라고 소개했다. 바다 기러기는 군사분계선을 자유롭게 넘나들며 우리를 비웃는 듯 한가롭게 날고 앉는다.

벌써 온정리가 가까워 진 것 같다. 이렇게 삼시간에 올 수 있는 거리를 어찌하여 이렇게 오래 걸려 왔단 말인가!

첫 번째 사건

금강산이 바로 눈앞으로 다가오고 있다. 여기저기 기암들이 보이고 암벽 사이 공간들을 푸른 숲이 채우고 있었다. 어제와 같이 아침에 비가 좀 뿌린 듯하다가 금방 그쳤다. 하늘은 맑고 솜털 같은 흰 구름 몇 점이 금강산 산머리에 걸려 있었다.

우리 차가 가고 있는 정북쪽, 산 아래 마을이 눈에 들어왔다. 온정리 마을인 것 같다. 전방 약간 우측으로 꽤나 크다 할 수 있는 항구가 보인다. 장전항이다. 둥치가 큰 배 한 대도 보이는데 군함이 틀림없는 것 같다. 온정리 우측 동해 쪽으로 뻗은 산줄기는 산 아래 포구마을과 호수 같은 장전항을 끼어 안고 있었다.

차가 똑바로 온정리 쪽으로 가지 않고, 갑자기 우측 장전항 쪽으로 머리를 틀어 달린다. 이상하게 생각했으나 알고 보니 북측 출입국관리사무소는 그때까지 장전항에 있었던 것이다. 처음 금강산 관광은 유람선과 장전항을 통해 시작되었기 때문이다. 차가 바닷가 출입국관리사무소 주차장에 섰다.

안내원의 내리라는 신호가 떨어졌다. 우리 가족은 차 중간쯤 앉았음으로 20여 명의 관광객이 먼저 내리고 뒤따라 내렸다. 우리 차와 함께 간 다른 두 대의 관광버스도 관광객을 주차광장에 쏟아냈다. 항구에는 산 같은 어마어마한 배 한 대가 버텨 서 있고, 그 앞에는 철모에 군복을 차려입은 군인 몇 명이 총을 들고 서서 우리를 감시하고 있었다.

우리가 버스에서 내리자마자 군인 한 사람이 갑자기 우리 버스 쪽으로 서서히 다가오면서 단호한 손짓으로 우리와 같이 온 젊은 여자 관광객을 가까이 오도록 부르고 있었다. 그 젊은 여자는 차에서 내리자마자 손에 들고 있던 카메라를 장전항에 정박해 있는 군함을 향해 들이댔던 것이다.

장전항은 북한의 입장에서 보면 최전방의 가장 중요한 군항이다. 군함 역시 가장 중요한 군사시설이거나 무기다. 잠재적 적국 국민에게 사진을 찍도록 허락할 수 없었을 것이다. 우리나라 국방백서에도 북한을 주적으로 명시하고 있다. 우리나라 주요 군사시설은 우리나라 국민이라 할지라도 사진 찍는 것은 허락하지 않는다. 그래서 우리가 출발할 때 카메라 검사를 철저히 받았고, 사진 찍어선 안 될 장소나 시설에 대하여 교육을 받았다.

여성분이니까 군사보안에 대하여 소홀히 생각할 수도 있고, 교육받을 때 딴생각 했을 수도 있었겠지만, 어쨌든 이렇게 사단이 나고 말았다. 관광객들은 벌써 바싹 긴장하면서 혀를 찼다. 남한 사회에서도 얼마든지 일어날 수 있는 일로써 나는 큰 사건이라고 생각하진 않았다. 그 여자는 나올 때 북한 당국에서 정한 벌금을 내고, 빼앗겨 보관된 카메라를 되찾으면 그만이다.

나는 이런 조그마한 사건을 접하면서 우리 남한 언론의 보도태도에 더 문제가 있다고 생각한다. 서로 다른 체제나 사회에서 사는 사람들이 만나서 부딪치다 보면 이런 사소한 일들은 얼마든지 일어날 수 있는 일들인데, 지나치게 큰 사건처럼 보도하거나 도저히 일어날 수 없는 일마냥 보도해서는 안 된다는 것이다. 서로 상대방 입장에서 생각해보고 문제가 발생하면 서로 상의하고 양보하고 풀면 된다.

이 조그마한 사건은 이 정도에서 종결되고, 우리는 북한 입국절차에 들어갔다. 우리는 줄을 서서 차례로 출입국관리사무소 건물 안으로 들어갔다. 북측 출입국 사무를 보는 사람들은 민간인이 아니라 군인들이었다. 제복을 입은 군인들이 차례로 서 있는 관광객들의 여행증을 얼굴과 대조하면서 검열을 하고 있었다. 내 차례가 왔다. 검열관은 내 얼굴을 쳐다보면서 근무하는 부서가 무슨 일하는 곳이냐고 물었다. '서울특별시 방재기획과' 틀림없이 물어 볼 만한 부서 이름이 아닌가! 서울시에서 불 끄고, 수해 방지하고, 그런 재난 예방계획을 세우는 곳이라고 알기 쉽게 대답해 주었다. 무사히 통과, 통과 도장을 찍어준다.

입국 수속을 모두 마치자 우리는 다시 우리가 타고 온 관광버스에 올라탔다. 차는 다시 오던 길로 되돌아가다가 삼거리 길에서 우회전하여 온정리 방향으로 향했다.

온정리 마을, 마을이라 부르기보다는 시골 군청 소재지 읍 정도라 할 수 있을 것 같다. 마을 입구까지 우리가 왔던 길과 꼭 같이 도로변으로 쭉 녹색 철조망 울타리가 처져 있었다. 울타리 밖으로 주민들이 거주하는 집들이 보였다. 집들은 우리나라 블로크 집 같은, 집단 마을(집 모양이 똑같다) 같은 인상이 들었다. 가끔 길을 지나가는 다소 검소한 옷을 입은 북한 주민들을 볼 수 있었으나 우리 관광객에게 눈길 하나 주지 않았다. 거의 다 왔다. 5분도 안 걸려 온정리 금강산 관광단지에 도착할 거란다.

금강산 관광특구

관광버스는 우리를 정확히 오전 9시 10분에 온정각 광장에 내려놓았다. 온정각은 금강산의 수정봉과 관음봉 사이에 있는 금강산 관광특구 중 중심지 역할을 하는 곳으로 남한 고속도로 휴게소 정도로 보면 된다.

금강산은 행정구역상 강원도 고성군 금강군 통천군 등 3개 군에 걸쳐 있다. 동서 간의 폭이 40㎞, 남북 간의 길이가 60㎞, 전체 면적이 530㎢이다. 금강산 주봉은 비로봉(1638m)이고, 비로봉 북쪽으로는 옥녀봉(1423m), 상등봉(1229m) 온정령(858m) 오봉산(1264m)이 있고, 남쪽으로는 차래로 월출봉(1529m) 일출봉(1552m) 내무재령(1275m) 차일봉(1529m) 외무재령(1137m)이 있어 남북으로 한반도의 등뼈같이 백두대간의 일부를 이루고 있다. 남북 간의 주능선을 벗어나 동쪽으로는 세존봉 서쪽으로는 영광봉과 윤허봉이 있다. 남북 간 주능선을 기준으로 서쪽은 내금강 동쪽은 외금강, 그리고 동해바다에 연하여 있는 부분이 해금강이다.

온정리와 온정각은 외금강 관광의 길목을 차지하고 있다. 온정리에는 동해선 철도의 온정역이 있었고, 지금도 온정각 뒤쪽 철조방 밖으로 보면 아주 낡고 허름한 집들이 꽤 많이 보였다.

온정각은 현대아산에서 운영하는 식당이다. 이곳에는 북한제품을 살 수 있는 편의점도 있고 외국제품을 살 수 있는 면세점도 있으며, 남한 패밀리마트가 들어와 영업을 하고 있다. 온정각 옆 건물은 금강산 문화회관이다. 평양모란봉 교예공연단의 공연이 이루어진다. 온정각에서 7~8분 거리에 호텔처럼 보이는 금강산 온천이 있다.

여기 온정각과 금강산관광특구 내에서는 남한에서 언론을 통해 들어 알고 있던 것보다 비교적 자유로운 것 같다. 사진도 마음대로 찍을 수 있고, 온정각 주변에서 교예공연을 관람하거나 온천욕을 즐길 수도 있다. 셔틀버스를 타고 구룡연이나 만물상 등산로 입구까지 가 산에 오르거나, 삼일포로 가 바다 물놀이를 할 수도 있다. 각자 관광객의 선택사항이란 것이다.

관광특구 내에서는 주로 현대아산 직원들과 남한에서 온 관광객이 주를 이루고 있으며, 업소 종사자도 주로 중국 교포처럼 현대가 채용한 사람들이었다. 금강산 특구 내에서 마주치는 북측 인사는 관광해설원 환경순찰원 호텔 및 각종 영업장 종사자 등으로 사람 숫자도 많아 보이질 않았다. 북측 사람이 이곳에 들어와 있으면 남의 영업장에 들어와 있는 사람들처럼 무언가 부자연스러워보였다.

송두환 특검의 대북비밀송금 의혹사건 수사결과 발표(2003. 6. 25.)에 따르면 "현대그룹은 북한으로부터 포괄적 경제협력사업권을 획득한 대가로 4억 불, 우리 정부가 정책적 차원의 지원금으로 1억 불, 총 5억 불을 남북경협 대가로 북측에 제공하였으며, 또 현대는 북한과 철도 통신 전력 등 7대 경제협력사업권에 관한 잠정합의를 체결하고, 2000. 8. 22. 최종합의서에 서명하였다."라고 발표하였다. 특검은 경협자금 5억 불의 성격에 대하여도 선 투자금의 성격이라고 결론지으면서, 비밀 송금과정에서 외환거래법 위반, 남북교류 협력에 관한 법률위반, 증권 거래법 위반 등 송금 절차상 위법이 있어 관계자들을 기소했다고 발표한 것이다.

당시 문화일보 기자 김용옥은 현대가 북한에 50년간 토지사용권을 회득한 땅만 해도 해금강 남단으로부터 원산에 이르는 약 100km의 해안지대 전체를 포함한 것으로, 온정리 특구 2천만 평, 개성공단 2천만 평에 이른다는 기사를 올렸다.

경협의 대가로 북한에 준 돈이 떳떳하다면 왜 비밀로 이 일을 추진하고 비밀로 송금을 했을까 하는 강한 의문을 가지면서, 현대와 북한간의 합의대로 모든 사업이 다 성사되었다면 얼마나 놀라운 성과를 가져왔을까 하는 큰 아쉬움을 갖게 하였다.

어쨌든 금강산 관광특구는 현대아산 세상인 것처럼 보였다. 철조망 펜스로 구분지어진 동해선 육로관광도로, 온정각 일대, 구룡연과 만물상 가는 등산코스, 삼일포 일원과 삼일포 가는 도로 등 모두 현대가 사용권을 획득하여 관광영업을 하고 있는 현대 관할처럼 보였다. 온정리에 사는 북한 주민일지라도 북한 당국의 허락 없이는 현대가 관할하고 있는 관광특구 내로 들어올 수 없는 것 같았다. 따라서 현대와 북한 당국이 협의 약정한 대로 약간의 규칙만 지킨다면 금강산관광사업을 운용하는 데 큰 문제는 없을 것이다. 제발 당초 계획과 합의대로 경협사업이 잘 이루어져서 남북간 평화통일의 길로 이어지길 간절히 소망한다.

오늘 관광코스는 오전에 구룡폭포까지 갔다 오는 코스다. 오후엔 삼일포를 갔다 오거나 온정각에 남아서 온천욕을 즐기거나 북한 교예단의 서커스 등 교예를 볼 수 있다고 설명했다. 관광 특구 내에서는 각자 알아서 관광을 즐기면 되는 것이다. 일단 우리 가족은 대부분의 사람들을 따라 구룡연 코스를 따라 오르기로 했다.

금강산에 오르다

우리 일행은 오전 9시 50분 온정각 광장에서 다시 셔틀버스를 타고 구룡폭포로 가는 산길을 꼬불꼬불 10여 분쯤 가고 있었다. 신계사 입구를 지나자 그리 크지 않는 개울을 만났는데 청아한 물결이 바위와 소나무 그리고 반질거리는 돌덩이들 사이로 푸르고 경쾌한 소리를 만들면서 흐르고 있었다. 신계사는 신라 법흥왕 때 지어진 사찰로 지금은 불타 없어지고 3층 석탑 하나만 남아 있다고 안내원은 설명한다. 차는 아름드리 소나무가 꽉 들어찬 장터솔밭을 지나 등산로 입구 주차장에 도착했다.

장터솔밭을 지나면서 우리가 본 소나무는 정말 잘생긴 소나무였다. 똑바로 곧게 서 있는 아름드리 소나무는 잔가지 없이 큰 가지들만 시원스럽게 쭉쭉 뻗고 있었다. 소나무 몸통은 약간 붉은 빛을 내는데 그래서 적송이라 부르고, 너무 잘생겨서 미인송이라 부르기도 하며, 춘양 지방에 많이 자라고 있기 때문에 춘양목이라 부르기도 한다고 했다. 자세히 보니 맑은 물이 철철 흐르는 개울 속에도 서 있고, 바위 절벽 위에도 서 있었다. 우리가 동양화에서 늘 보아 왔던 그런 멋진 소나무 모습이었다. 경복궁 복원공사에 저 소나무를 기증받아 사용하면 좋을 것 같다는 생각이 들었다.

그리고 오늘 아침까지 비가 와서 흙탕물이 섞여 내려올 것 같은데 무슨 물이 저리도 깨끗할 수 있을까! 등산객들 입에서 감탄사가 저절로 튀어나왔다. 저 맑은 물 속에 들어갔다 나오면 내 몸통아리는 물론 마음까지도 깨끗해질 것 같았다. 동해 관광도로 개설을 두고 남침 길을 만들어 준다고 주장하는 의심병 환자들, 저들을 데려다가 저 맑은 물 속에 잠깐만 담갔다가 건져내도 그들 머릿속에 꽉 차 있는 지긋지긋한 의심병마저 금방 깨끗해질 것 같은 생각이 들어 혼자 웃고 말았다. 여기 구룡연 주차장부터 구룡폭포까지 각자 발로 걸어서 산길을 올라가야 한다. 등산로는 산을 오르고 내려오면서 교차하는 데 지장이 없도록 2m 정도 넓이로 판석을 깔아 잘 다듬어 놓았다. 주차장에서 200m쯤 올라가면 북측에서 운영하는 목란관 식당이 나오고, 구룡폭포까진 총3450m에 90분이 소요된다고 안내판에 소개되어 있었다.

주차장을 나와 10여 분쯤 올라가자 신계다리가 나왔다. 다리 우측으로 개울가 소나무와 잘 어우러져 멋진 풍광을 만들어내는 목란관이 보였다. 기가 막힌 경치다. 나는 다리위에서 정신없이 목란관을 배경으로 집사람과 딸애들을 세워 놓고 가족사진 몇 방을 찍었다. 오가는 사람 비껴 주랴 시간 맞추어 산길 오르랴 경치 좋은 곳 사진 찍으랴 정신이 없다. 다리 좌측에는 화장실과 매점 건물이 있었다. 매점에서는 주로 북한산 담배 인삼제품 술 기념품 등을 팔고 있었다.

목란관 옆 등산로에서는 북측 여성 한 사람이 물푸레나무로 만든 지팡이를 하나라도 더 팔려고 관광객을 붙들고 야단이다. 등산객들은 남한 같으면 잡상인인 이 처녀 같은 여성에게 호기심이 많이 간 모양이다. 공산주의 사회에서 저 여성은 무엇 때문에 저렇게 적극적으로 신이 나서 물건을 팔려 애쓸까? 저 여성은 저걸 팔아서 수익금은 자기가 가질까? 당국에 바칠까? 무슨 배경이 있어서 이 안에 들어와 장사를 하는 것인가! 북한 당국의 정보요원이 아닐까? 관광객 10여 명이 에워싸고 가격도 물어보고, 나무의 질도 물어보고, 말을 시키면서 지팡이를 하나씩 사준다. 지나치게 꾸불꾸불하고 약해서 지팡이로 쓸 수 없는 것을 집사람도 기념품으로 가져간다고 하나를 산다. 하나에 3달러인데 한국 돈도 받는단다. 나중에 자기가 바꾸면 된단다. 어떻든 친절하고 활발하고 밝아서 좋다. 우리가 평소 듣고 생각했던 북한 사람의 인상과는 전혀 다른 것 같았다.

주차장을 출발하여 30여 분이 지나 양지대쯤 가까이 오르고 있었을 때 30대 남성이 우리를 따라오며 말을 건넨다. 말투로 봐서 북측 사람인 것 같다. 군 초급 장교 같기도 한데 제복도 안 입고 휴가 중이거나 쉬는 날인 것처럼 상당히 여유로워 보였다. 나는 가급적 말을 피하기 위하여 한 발 앞서가는데 그 사람은 자연스럽게 집사람과 같이 가면서 대화를 걸어온다. "어디서 오셨습니까? 딸은 무슨 대학교 다닙니까? 아저씨는 무슨 직장에 다니시나요? 한전 직원 같습니다." 등 "김대중 대통령은 잘 계십니까?"는 등 꽤 자유롭게 말을 걸어온다. 오히려 남한에서 온 우리들이 위축되어 있는 것 같다. '북측에서 말 트집 잡지나 않을까 남한 정보당국에서 시비 걸지나 않을까' 우리들의 생각이 복잡하다. 집사람은 비교적 말을 잘 받아주면서 즐겁게 대화를 나눈다.

나는 딸애들과 등산로를 따라 쭉 오르면서 경치 좋은 곳에서 꼭 사진을 찍었다. 여기는 양지대란 곳이다. 주변 경치를 감상하기 좋아서 누구나 한 번은 걸음을 멈추고 위쪽을 쳐다보게 된다는 곳이다. 나는 카메라를 산 위쪽으로 향하고 셔터를 눌러댔다. '우리가 언제 이곳에 다시 올 수 있을까. 꿈에도 그리든 금강산!' 나는 너무 흥분해서 시간은 자꾸자꾸 흘러가고 일행과 떨어질 것 같고 사진 찍기에 정신이 없다. 아무리 사진을 잘 찍어도 우리가 여기서 보고 느끼는 감흥을 다 가지고 갈 수는 없을 것 같아 안타까웠다.

등산 시작 후 1시간 가까이 되었을 때 우리는 삼록수라는 곳에 도착했다. 삼록수란 산삼과 녹용이 녹아 있는 약수 물이란 뜻으로 마시면 몸에 좋다는 것이다. 올라갈 때 한 모금 마시면 10년, 내려올 때 한 모금 마시면 10년을 더 살고, 너무 많이 마시면 어머니 뱃속으로 다시 들어가게 된다고 안내원은 웃긴다. 우리 일행도 여기서 잠시 쉬면서 세존봉에서부터 흘러내려 온다는 깨끗한 상록수 물로 목을 축이니 시원하고 상쾌한 기운이 몸을 감싼다.

상록수에서 270m를 더 오르자 옥류동 입구인 금강문이 나왔다. 도로를 가로 막고 있는 바위에 ㄱ자 모양의 구멍이 뚫리고 등산객은 이 구멍 길을 통해 오간다. 금강문을 통과하여 한 굽이 꺾어들면 앞이 훤히 확 트이면서 아름다운 절경의 옥류동이 나온다. 산골짝이 온통 우유 빛이 나는 바위와 죽은 나뭇가지 하나 없는 깨끗하고 싱싱한 아름드리 소나무들로 둘러싸인 정경, 눈이 시리도록 파랗고 깨끗한 수정 같은 옥류담하며 무늬 고운 흰 비단을 편 듯 맑은 물을 흘러내리고 있는 옥류폭포는 천하제일의 절경이다. 아주 부드러운 달밤 같은 기분이 든다. 마침 안내원은 나무꾼과 선녀의 이야기가 금강산 이곳에서 나온 설화라고 설명을 덧붙인다.

옥류동에서 200m를 더 오르자 연주담, 여기서 100m 더 오르자 금강산의 4대 폭포 중 하나인 비봉폭포가 나오고, 무용교를 건너서 오른쪽 서쪽 방향으로 좁은 골짜기가 보이는데 은실처럼 곱게 흘러내리는 물이 은사류다.

은사류에서 350m쯤 더 오르자 드디어 오늘 등산코스의 마지막 종점 구룡폭포가 나왔다. 시간을 보니 오전 11시 25분, 등산을 시작할 때가 10시 정도 되었으니 1시간 20분 만에 구룡폭포까지 올라오게 된 것이다. 관폭정에서 바라본 구룡폭포는 150m 높이의 암벽 위에서 폭 4m 높이 74m의 폭포가 구룡연을 향에 떨어지고 있었다. 금강산을 지키는 용 9마리가 살았다는 구룡연은 소의 깊이가 13m가 넘는다고 한다. 폭포에서 떨어지는 물에 의하여 13m의 바위구멍이 생겨났다면 얼마나 장구한 세월이 흘렀을까! 수수만연 거기 있어 아름다운 산, 금강산 가곡의 선율이 들려온다. 어떻게 바위산 꼭대기에서 저리도 많은 물을 머금고 있다가 계속 흘러 보낸단 말인가! 정말 신기하고 장관이다. 여기 구룡폭포로 쏟아지는 물은 여기서 12km 떨어진 비로봉에서 흐르기 시작한 후 여러 골짝이의 물이 모아져서 상팔담으로 흘러내리다가 구룡폭포가 된다는 것이다.

구룡폭포 위는 상팔담이다. 구룡폭포 위에 담이 8개가 있다는 뜻이다. 상팔담을 가려면 구룡폭포에서는 워낙 암벽이 가팔라서 다른 골짝이 길을 따라 올라가야 한다. 상팔담까지 가기는 시간이 부족할 것 같아 오늘 등산은 이것으로 만족하고 하산해야 할 것 같다.

이곳에서 12km를 더 가야 금강산 정상인 비로봉이 나온다고 한다. 가보고 싶은 마음이야 간절하지만 오늘 일정은 이것으로 만족해야 했다. 비로봉 등반은 아직 허락되지도 않았다. 인간의 욕망은 끝이 없는 것 상상속의 금강산이 더 오래 아름다울지도 모른다.

이제 꿈에도 그리던 금강산, 아쉬움을 남기고 하산해야 할 시간이 온 것 같다. 구룡폭포와 구룡연 구룡폭포 위 상팔담, 그리고 구룡폭포를 잘 조망하도록 지여진 관폭정을 뒤로하고 하산을 시작하여 다시 온정각에 도착하니 시간은 12시 18분이었다.

정주영 회장과의 만남

구룡폭포 관광을 마치고 온정각 광장에 도착하니 점심식사 시간이었다. 우리 식구 네 사람은 온정각에서 한식 뷔페로 먹기로 하였다. 온정각은 현대아산에서 운영하는 식당이다. 식당에서 일하는 대부분은 남한에서 올라온 사람들 같았다. 중국교포 여성 몇 명이 끼어 있었는데, 그 사람들은 유난히 무표정하고 활기가 없어 보였다.

식당 메뉴와 음식의 질이야 서울의 유명 식당과 다를 바 없었다. 대기업 현대가 심혈을 기울여 준비한 사업인데 '식당 하나쯤이냐 남한 사람들 입맛에 맞게 어련히 잘해 놓았을까!' 하고 생각하니 먹어 보지 않아도 믿음이 갔다. 이제 금강산도 구경했으니 충분히 시간을 가지고 편안히 식사를 하니 밥맛이 더욱 좋은 것 같았다. 우리 가족도 대만족이라니 내 마음도 기뻤다.

식사를 마치고 광장으로 나왔다. 오후 일정은 교예공연 관람과 삼일포 관광 또는 온천욕 중 자유 선택이란다. 오늘 교예공연은 없는 날이라고 하니 삼일포 관광과 온천욕 중 택일뿐이었다. 삼일포는 비무장지대 넘어오면서 우측 동해 쪽으로 멀리서나마 볼 수 있었고 고성 금강산 콘도 앞바다와 별반 다를 바가 없을 것 같았다. 온천욕도 특별히 마음에 내키지 않았다. 그래서 우리 식구는 그냥 온정각 광장에 남아서 부담 없이 차도 마시고, 못다 찍은 사진도 마음껏 찍고, 금강산 분위기를 조금이라도 더 느끼면서 시간을 보내기로 하였다.

우리 식구는 온정각 전면 파라솔 밑에 앉아서 커피를 마셨다. 온정각 앞 수정봉을 바라보면서 여러 가지 담소를 나누었다. 이렇게 한가롭게 시간을 보내다가 집사람과 두 딸애는 쇼핑을 가겠다고 했다. 나 혼자 광장을 한 바퀴 빙 돌면서 특구 단지 주변, 이곳 주민 생활상을 살펴보기로 했다.

여기저기 기웃기웃 특구 내 건물이나 시설물도 살피고 철조망 바깥 주민들이 거주하는 주택들도 살펴봤다. 특구 내 세상과 철조망 바깥세상은 완전히 딴세상이었다. 철조망 밖 주민이 사는 듯한 가옥들은 허름하기 짝이 없었고, 주민이 사는지 빈 집인지 사람도 잘 보이질 않았고 너무 조용했다. 이런저런 생각을 하면서 온정각 뒤편부터 구경하였다.

이제 온정각 광장 진입도로 주변의 농작물을 살펴보고자 하는데 논밭 사잇길에 고 정몽헌 회장 묘 입구라는 안내 푯말이 서 있었다. 나는 분명히 하남시 검단산에 묘가 있는 것으로 알고 있는데 이상하다 생각하며, 그곳으로 발길을 옮겨갔다.

자갈길을 따라 몇 보 앞으로 나아가자 도올 김용옥 교수가 쓴 정몽헌 회장 추모비가 나왔다.

정몽헌 1949-2003

여기 조선 땅의 숨결이 맥동치는 곳 금강에
고이 잠들다.
아버지 아산 정주영의 유훈을 이어
세계사의 모든 갈등을

한 몸에 불사르며 남북화해의 새로운
마당을 열었다.
그의 혼과 맥
영혼이 하나 된
민족의 동산에서 춤추리.

이천삼년 팔월 사일
도올 짓고 쓰다.

비문을 천천히 다 읽고 비 뒤편으로 몇 발자국을 더 옮겨 갔다. 그곳에 잔디가 아직 활착되지 않아 쓴 지 오래 되지 않아 보이는 묘 한 봉이 내 눈에 들어왔다. 그리고 묘비를 보는 순간 한 장면의 환상이 확 내 머리 속을 덮치면서 왈칵 눈물이 쏟아졌다. "아버지!" 아버지를 외치듯 부르며, 넥타이도 없는 검은 양복차림에 검은 머리카락을 휘날리며 대청마루로 뛰어올라 아버지 품으로 달려드는 정몽헌 회장의 모습, "웬 일이냐? 왜 벌써 오느냐?" 며 한복 차림에 황당하고 당황스런 모습으로 방문을 열고 쫓아 나오며 아들을 붙드는 정주영 회장, 그런 환상이었다.

반세기 넘도록 지속된 남북간의 안타까운 분단 상황, 남북 교류를 놓고 싸우는 미친 우리 정치현실, 통일을 위한 재단 앞에 정몽헌 회장은 하나의 성스런 제물이 되었던 것이다. 나는 두 손으로 얼굴을 감싸고 한 참을 흐느껴 울다가 정신을 가다듬었다.

이번 여행, 가장 즐거워야 할 여행, 출발 할 때는 그렇게도 기뻐서 들뜨고 흥분했던 내가, 왜! 이렇게! 예기치 않는 분위기와 조국의 현실 앞에 슬퍼해야 하고 자주 울어야 하는지 정말 모르겠다.

또 하나의 사건

이제 아쉽지만 돌아갈 시간이다. 이번에 만물상을 못 갔으니까 다음에 다시 오면 되는 것이다. 가깝고 돈도 많이 들지 않고 또 못 올 이유가 하나도 없다. 다만 가족여행으로 다시 오기는 쉽지 않을까 생각한다.

오후 5시경, 오전에 우리가 타고 왔던 관광버스에 다시 몸을 실었다. 아침에 왔던 길을 역순으로 되돌아가면 된다. 차는 다시 장전항 북측 출입국관리사무소가 있는 곳으로 갔다. 올 때와 마찬가지로 출경 수속을 밟아야 했다.

출경 수속은 오늘 아침 입경 수속 때와 같이 관광객 얼굴과 여행증을 하나하나 대조하였다. 손가방 등 짐을 하나하나 검색대 위에 올려놓고 소지품 검사도 실시하였다. 차례차례 줄을 서서 사분의 삼 정도가 검색을 마치고 빠져 나갔다. 나와 우리 두 딸애도 무사히 통과되었다.

다음 차례는 우리 집사람이 통과되어야 할 순서다. 그런데 이게 무슨 일일까! 검색대가 요란하게 삐~삐~ 부저를 울려댄다. 모든 사람이 긴장되었으며, 모든 사람의 시선이 집사람의 얼굴과 가방으로 쏠린다. 북측 요원이 집사람 손가방과 집사람을 데리고 별도 사무실로 들어갔다. '무슨 일일까? 손가방 속에 무었을 숨겨서 가져왔단 말인가!'

일순 사람들의 머릿속을 복잡하고 착잡하며 당황스럽게 만들었다. '내 공무원 신분을 시비 거는 건 아닐까!' 순간 별 생각이 다 들었다. '별일 아니겠지!' 큰딸애는 왔다 갔다 하며 안절부절못한다. 현대 측 여직원을 붙들고 사무실에 들어가 무슨 일인지 알아보라고 독촉을 한다.

이렇게 10여 분의 시간이 흘렀다. 손가방 속에서 밤톨만 한 돌이 나왔고, 벌금 15달러를 내야 한다는 이야기가 흘러나왔다. '역시 별일 아니지 않는가! 15달러 내면 되는 것이고, 무엇 때문에 돌을 넣어 왔지?'가 우선 궁금하다. 15달러를 빌려서 사무실 안으로 넣어 주었다. 5분쯤 지나자 집사람이 약간 겸연쩍어 하면서 웃는 낯으로 밖으로 나왔다. "무슨 돌을 넣어왔어? 얼마나 큰 돌이야?" 집사람은 웃으면서 나중에 이야기해 주겠단다.

이렇게 하여 별 것도 아닌 일로 또 한 번의 소란을 피우고 우리 남측 관광단은 동해선 육로관광도로를 따라 남쪽으로 내려오고 있었다. 이제 고개를 왼쪽으로 돌려야 동해바다가 보였다. 삼일포 위로 수많은 물새들이 날아다니는 것이 보였다. 파란 바닷물결도 보이는 듯하였다.

나중에 들려준다는 이야기는 이러했다. 금강문 직전에 개울을 건너면서 잠깐 물가에서 쉬는 시간이 있었다. 날씨는 약간 덥고 흐르는 물은 너무 맑고 깨끗하였다. 관광객들은 물가나 물 속 바위에 올라 앉아 쉬고 있었다. 그때 집사람도 물가에 쪼그리고 앉아 물 속에 손을 담그고 물 속에 있는 조약돌을 쥐어 만지작거리고 있었다. 이때 집사람 뒤에 서 있던 감시원, 사실은 북측 감시원이 아니라 현대 측 여자 안내원이 "손 닦지 마세요!"라고 지적을 해주었다. 이에 집사람은 깜짝 놀라 일어서면서 조약돌도 손에 들고 일어섰다는 것이다. 특별히 조약돌이 잘생긴 것도 아니어서 가져올 마음도 없었고, 그냥 버리면 될 일인데, 무의식중에 손가방 속에 넣고 등산을 계속했다는 것이다.

북측 요원들도 웃으면서 "이런 것 무엇 하러 가져가려 하십네까? 가져가려면 이곳 통과해서 밖에서 주워 가시라요." 그냥 봐달랬더니 검색대에서 부자가 울려 자기들은 봐주기 어렵다고 했단다. 사무실 안에서는 이렇게 서로 농담을 주고받으면서 부드럽게 대해 주었다는 것이다.

모두가 경직된 사고 때문에 일어난 사건이다. 맑은 물에 손 닦는 것이 무슨 큰 죄나 된 양, 한 마디 지적에 당황한 집사람의 태도나, 부저가 울렸다고 밤톨만 한 돌 하나를 벌금을 물리는 북측 태도는 다 경직된 사회구조 탓이었다. 집사람은 15달러 벌금 영수증을 내보이며 좋은 추억거리로 간직하겠다며 오히려 즐거워했다.

어쨌든 입경할 때는 젊은 여성이 카메라를 북한 군항인 장전항을 향에 들이대며 찍으려다 문제를 일으켰고, 출경 때는 또 한 사람의 똑똑한 여자 김숙희 여사께서 조그마한 돌멩이 하나 가져오려다 말썽을 일으켰다.

국경 아닌
국경선을 넘어

금강산 관광을 마치고 귀환하는 관광단을 태운 버스는 장전항을 떠나 고성 들녘을 지나고 있다. 동해 관광도로는 갈 때와 마찬가지로 올 때도 남측 관광객을 싣고 가는 관광버스가 전부였다. 북측차량은 한 대도 볼 수 없었다. 녹색 철조망으로 구획된 관광도로는 마치 남한 땅과 현대가 관리하는 온정리 관광특구를 연결하는 직통파이프 도로와 같다는 생각이 들었다.

고성 들녘은 생각보다 꽤 넓은 농경지 평야다. 넓은 농경지에 비하여 농사를 지어야 할 사람들은 절대 부족한 것 같다. 농사 짓는 사람이 보이지 않는다. 비료도 없고 농사 일꾼도 부족하고, 농기구나 장비도 눈에 보이지 않는다. 농사를 잘 지어 보겠다는 의지는 어디에서도 찾아볼 수 없었다.

그러고 보니 북한 온정각 주변 퇴락한 가옥들은 남측 관광객들의 눈을 전혀 의식하지 않는 것처럼 방치되어 있었지 않는가! 담장이나 지붕을 색칠하여 단장한 흔적을 찾아볼 수 없었다.

북한 농민이나 주민이나 군인들까지도 왜소하고 입는 옷은 남루했다. 사람들이 무표정하고 활기가 없고 의욕이 없어 보였다. 그에 비하여 남한 금강산 관광객은 하루에도 수백 명씩 관광버스를 타고 관광도로를 오간다. 남한 관광객들이 입은 옷은 화려하고 먹고 마시는 것은 풍요로웠다.

북한 당국은 남한과의 체제경쟁, 잘살기 경쟁에서 완전히 남한에게 무릎을 꿇은 것처럼 보인다. 우리는 북한에게 체제나 이념이나 경제 경쟁에서 완전히 승리를 거두었고 북한은 우리 남한에게 무릎을 꿇었다고 단언할 수 있다. 북한 정부가 군대나 군사시설 등 국방 외에는 자국의 국민을 위하여 아무것도 해주는 것이 없는 것처럼 보였다.

비행기나 전차를 움직이는 기름 한 방울 사 올 수 없는 열악한 경제력, 목숨은 살았으나 다 죽은 것 같은 저들 국민의 사기, 이런 모든 것들을 고려해 볼 때 북한이 우리 남한에게 다시 무력 도발을 감행해 온다는 것은 상상할 수 없을 것으로 생각된다.

이제 우리도 냉전체제 속의 경쟁, 무참히도 당했던 6·25의 악몽에서 벗어나 미래지향 쪽으로 북한과의 교류를 넓히고 문호를 확상하여 남한 사람들이 누리는 자유와 풍요로움을 북으로 더 많이 흐르게 하여 북한 사람들에게 보여 주어야 한다.

외국을 여행하다 보면 국가와 국가 간에도 국경을 의식할 수 없을 정도로 세계 사람들이 자유롭게 넘나드는데 한 민족끼리 철조망에 둘러싸인 길로만 통행한다는 것은 너무도 부자연스럽고 이상한 것이다. 일본은 해방 이전 36년 동안이나 우리를 식민지로 지배하여 괴롭혔던 나라며, 러시아와 중국은 북한과 함께 6·25 한국전쟁을 일으켜 우리 남한을 침략했던 나라다. 그런데 이들 나라와는 이웃 국가로서 자유롭게 오고가며 경제적으로나 문화적으로나 교류를 넓혀 가고 있다. 그러므로 우리 남북한도 통일 이전이라도 유럽 여러 나라와 일본이나 중국처럼 이웃나라로서 좀더 자유롭게 오갈 수 있었으면 좋겠다.

차는 고성 들녘을 지나 비무장지대로 접어들고, 동해바다에는 올 때와 마찬가지로 갈매기 떼들이 한가롭게 날고 있었다. 고성 들녘을 나는 이름 모를 온갖 새들과 파란 하늘의 구름 떼들, 그리고 남북으로 부는 바람은 군사분계선과 비무장지대 철책을 마음대로 자유롭게 넘나들고 있었다.

남북한은 유엔에 동시 가입되어 국제적으로나 현실은 각각 독립된 국가로 볼 수밖에 없으나, 우리 대한민국헌법은 북한 지역을 대한민국 영토로 규정하고 있어서 북한을 별도 국가로 인정할 수 없는 실정이다. 따라서 우리가 오늘 금강산 관광을 마치고 휴전선 또는 군사분계선을 넘는 행위를 입국이나 출국이라 표현하기는 부적절할 것 같고, 귀환 또는 귀향 정도로 표현하는 것이 좋을 것 같다. 우리를 태우고 온 성우관광버스는 정확히 오후 6시 30분에 금강산콘도 앞 광장에 우리 관광단을 쏟아놓았다.

이제 정말 이별의 순간이 온 것 같다. 트랩 대령이 자유를 찾아서 아름다운 조국 오스트리아를 떠나 알프스를 넘듯이, 우리는 아름다운 금강산을 뒤로하고 국경 아닌 국경선을 넘어 자유 대한민국 품으로 넘어왔다.

한때 사랑했던 나무꾼과 지상천국 금강산을 남겨두고 하늘로 올라갔던 선녀처럼 우리도 그리 오래지 않는 날에 사랑하는 부모와 자녀 친구들, 그리고 저 아름다운 금강산과 설악산, 우리의 산야를 남겨두고 하늘나라 어느 곳으로 영영 떠나야 하는 별리의 순간을 맞이하게 될 것이다.

사랑하는 우리 집사람과 두 딸을 태운 승용차는 푸른 숲길 진부령을 넘어 빠르게 미끄러져가고, 전날 밤 고성 밤바다의 울부짖음과 심상시인학교 시인들의 통일을 염원하는 간절한 노래 〈우리의 소원은 통일〉, 그 노래 소리만이 오케스트라의 클라이맥스처럼 장엄하게, 그리고 애잔하게 나의 가슴속에 남아서, 지금 울고 있다.

멋진 사람들

2001년 여름, 미국 여행 7일째 되던 날, 우리 부부는 미 서부 여행을 다 마쳤다. 그리고 함께 관광했던 일행과 LA에서 헤어져야 했다. 세인트루이스에 사시는 장모님의 칠순잔치에 참석할 수 있도록 여행 일정을 잡아놓았기 때문이다. 아침 일찍 일행과의 석별인사를 나누고, LA공항으로 나가서 덴버를 경유 세인트루이스로 가는 비행기에 탑승하였다.

UA56편으로 덴버에 도착한 우리는 12시 35분에 세인트루이스로 가는 UA1280편으로 갈아탔다. 한국에서 미국으로 올 때 타고 왔던 점보기보다는 작은 중형 비행기였다. 우리 부부가 비행기에 탔을 때는 대부분의 좌석은 찼고, 몇 좌석만이 비어 있었다. 빈 좌석을 채워 좌석 배정을 하다 보니 나는 앞쪽에, 집사람은 내 좌석에서 뚝 떨어진 뒤편 좌석에 앉게 되었다. 좌석이 빈자리 없이 꽉 차고 탑승 문이 닫히자 비행기는 곧 이륙하였다.

비행기가 이륙하여 일정 고도를 잡고 안정적인 비행을 하기 시작하였다. 그때 어떤 중년 신사 분이 자리에서 일어나 내게 다가오더니 뒤쪽에 멀리 떨어져 앉아 있는 집사람을 가리키며 wife냐고 물었다. "Yes! please!" 그렇다고 답변하였다. 그 신사 분은 몇 걸음 걸어서 스튜어디스에게 다가가 무어라고 몇 마디 나누고서, 다시 집사람 옆에 앉아 있는 분에게 다가가 무언가 이야기를 주고받는 것 같았다.

그 신사 분은 아마 우리 부부가 옆자리에 나란히 앉아 갈 수 있도록 좌석을 바꾸어 줄 모양이었다. 처음 미국에 온 듯한 낯선 두 동양인이 서로 떨어져 앉아 가는 것이 부자연스러워 보였던 것이다. 조금 있으니 집사람 옆에 앉았던 또 다른 신사 분이 짐을 챙겨들고 내 자리로 왔다. "Thank You!" 고맙다고 말하고 자리를 바꾸어 앉았다.

처음 자리를 바꾸어 앉도록 주선해 준 그 신사 분을 찾아가 고맙다는 인사를 하고 싶었으나 내릴 때 인사말을 나누리라 생각하고 그냥 앉아서 가기로 하였다. 그러나 비행기가 목적지에 다 갔을 때 서로 짐을 챙기고 좁은 통로를 따라 나오다 보니 그만 그분을 놓치고 말았다.

그분들은 틀림없이 그 지방의 지도층 인사 같았고, 낯선 사람의 조그마한 불편까지도 해소시켜 주기 위하여 노력하는 멋진 사람들로 내 기억 속에 남아 있다.

영국 공군 전투기 조종사 고든 데이비슨은 피부암 말기 판정을 받았다. 그는 곧 닥쳐올 죽음을 앞두고, 이 땅에서 자기의 삶과 생을 정리하고자 산티아고 순례길을 떠나기로 마음먹었다. 1개월에 걸쳐 순례길을 걸으면서 수많은 사람들과 서로 소통하고 대화를 나누었다. 이 과정에서 자선기금 1만 7천 파운드를 모금하여 스코틀랜드 암 환자 자선단체에 기부하였다.

한국인 이수아 씨는 스코틀랜드 국립교향악단 첼리스트였다. 수아 씨는 SNS를 통하여 고든 씨의 이야기를 들을 수 있었고 그와 많은 대화를 나눌 수 있었다. 두 사람은 서로 운명적인 사랑에 빠지게 되었다. 그리고 곧 결혼식을 올리기로 결정하였다. 수아는 자기의 생각을 미국에 사시는 아버지께 알려 허락해 줄 것을 요청하였다. 사랑하는 딸애의 이야기를 들은 아버지는 쾌히 두 사람의 결혼을 승낙하였다. 두 사람은 2013년 3월 드디어 에든버러성에서 결혼식을 올렸다.

그리고 결혼 5개월 후 고든은 하늘나라의 부름을 받았다. 15개월간의 사랑은 그렇게 막을 내렸다. 이수아 씨는 남편 고든 씨가 걸었던 산티아고 순례길을 자기도 걷기로 마음먹었다.

산티아고(SanTiago)는 인구 656만 명을 가진 칠레의 수도이기도 하지만 원조 산티아고는 스페인 북서부 지역에 있는 인구 10만 명도 안 되는 작은 도시다. 산티아고는 스페인어로 성 야고보라는 뜻이다. 야고보는 성경 12사도 중의 한 분이시며 44년경에 예루살렘에서 순교하신 것으로 성경에 기록되어 있다. 예수님 12사도 중 첫 순교자다. 이분 야고보는 스페인에서 전도활동을 하셨다는 설이 있는데, 예루살렘에서 순교하신 시신이 언제 어떤 경로로 산티아고까지 모셔오게 되었는지는 알 수 없지만, 현재 야고보의 성골은 산티아고에 모셔져 있다고 한다.

그렇게 하여 스페인에 있는 산티아고는 중세 이후 기독교인들의 순례 성지가 되었다. 산티아고 순례길은 여러 경로가 있지만 스페인과 프랑스 국경 지역에서 출발하는 소위 프랑스 순례길이 가장 유명하다. 800킬로미터에 무려 1개월을 걸려서 걸어가야 한다. 요즈음은 기독교 신자들뿐만 아니라 일반인들도 많이 가고, 한국 사람들도 1년에 수백 명이 다녀온다고 한다.

이수아 씨도 남편 고든이 걸었던 산티아고 길을 걸었다. 그리고 고든이 그랬던 것처럼 순례길을 하루하루 걸으면서 수많은 사람과 대화하고 소통하였다. 그리고 그녀도 자선기금을 모아 '고든 데이비슨 기념관'을 건립하였다.

말기 피부암이란 죽음 앞에서도 의연히 생과 삶을 정리하고, 본인도

암에 걸려 죽음을 앞두고서도 자선기금을 모아 자선단체에 기부한 고든은 참으로 멋진 사람이다. 또 죽음을 앞둔 환자를 사랑하고 격려하고 결혼까지 하는 이수아 씨, 딸의 그러한 결정을 혼쾌히 동의하고 후원한 아버지, 이분들도 참 멋진 사람들이다.

성 야고보가 걸었던 길, 고든이 걸었고, 첼리스트 이수아 씨가 걸었다. 우리 아파트 1층에 사시는 정년퇴임 선생님도 퇴임기념으로 54일간에 걸쳐 걸으셨다고 자랑하셨다. 그리고 산티아고 기행수필을 쓰셔서 노년을 멋지게 정리하셨다.

나도 한 번 산티아고 순례를 나의 버킷리스트에 넣어 도전해 보고 싶다. 그래서 이분들이 그랬던 것처럼 나도 나의 삶을 멋지게 정리 마무리했으면 한다.

베니스의 상인

베니스(Veneice)는 베네치아(VENEZIA)의 영어식 호칭이다. 베네치아는 현지인들의 언어로 된 호칭이다. 관광책자에 의하면 베네치아 시는 118개의 작은 섬과 177개의 운하 400여 개의 다리로 구성되어 있다고 한다. 이탈리아 베네토주 중심 도시며, 우리가 다 아는 대로 물의 도시다. 현재 베네치아 중심 도시의 면적은 416㎢이며 인구는 26만여 명이다.

이 도시가 이렇게 형성된 것은 5~6세기경 로마나 지방 원주민 베네티아 인과 이스트리아 인들이 초기에는 훈족을 피하여, 나중에는 롬바르드족의 침입을 피하여 섬으로 들어오면서부터라 한다. 피신해 들어오는 사람들이 점점 늘어나자 바다 갯벌에 말목을 박아 그 위에 집을 지었고, 오늘날과 같은 수많은 섬과 운하로 된 물의 도시가 되었다고 한다.

우리가 로마 폼페이 나폴리와 소렌토 그리고 밀라노와 르네상스를 이끌었던 피렌체의 관광을 마치고 베네치아에 도착한 것은 2006년 12월 2일이었다. 산타루치아 기차역 주변 선착장에서 수상버스 바포레또를 타고 대운하를 따라 관광거리가 몰려있는 섬으로 접근해 갔다.

수상버스에서 바라본 바다에 떠 있는 듯한 도시 베네치아는 환상적이었다.

석조로 튼튼하고 아름답게 잘 다듬어 건축된 수많은 건물들, 궁전만 10개가 넘고, 여기저기 건물들 속에 우뚝 서서 아름다움을 뽐내고 있는 성당들, 말로 이루 표현할 수 없는 광경이었다. 특히 물보라 속 3개의 돔 실루엣이 아름다운 건물이 보였는데 안내원의 설명은 성모 마리아 살루테 성당이라 하였다.

수상버스는 우리를 작은 광장이란 뜻의 피아젯타에 내려놓았다. 베네치아 앞바다와 산마르코 광장을 연결하는 통로 역할을 하는 광장이다. 산마르코 광장은 세계에서 가장 아름다운 광장으로 알려져 있으며, 세계의 응접실로도 불린다. 우리 부부가 미국 라스베가스에 갔을 때, 이탈리아를 대표하는 태마 호텔이 있었는데, 호텔 3층에 산마르코 광장이 그대로 재현되어 있었다. 광장 주변의 건물과 파란 하늘까지 너무 잘 재현되어 있어 우리가 베네치아 마르코 광장에 와 있는 것 같은 착각을, 또 실내인데도 정원에서 하늘을 쳐다보고 있는 것 같았다.

광장은 시계탑이 있는 상가 건물, 산마르코 성당, 성당 바로 옆에 있는 두칼레 궁, 피아젯타 광장과 산마르코 종탑, 그리고 유명한 건축가 산소비치가 설계 건축했다는 도서관 등이 광장을 에워싸고 있었다.

베네치아에서 최고의 명품관광 코스는 당연히 산마르코 대성당이었다. 산마르코 성당은 832년에 마르코 성인의 유해를 안치하기 위하여 건축되었다. 이후 화재로 손상되자 978년에 재건축되었으며, 그 후 여러 번 확장과 개조를 거쳐 오늘에 이르렀다고 한다. 성당 내외의 수많은 조각상과 황금으로 도배되어 있는 천정의 장식들, 이루 필설로 표현할 수 없었다.

베네치아 수호성인으로 추앙받고 있는 마르코(MARCO)는 신약성경 두 번째 복음서 마가복음을 쓰신 분이다. 우리말 개혁성경에는 마가로 호칭된다. 사도 바울과 바나바를 따라 제1차 세계 전도여행에 동행하였고, 예수님과 사도들의 최후의 만찬 장소가 마가의 다락방이라는 설도 있다. 전승에 의하면 마르코는 58~62년 사이 이집트 알렉산드리아에서 교회를 설립하여 전도했으며 초대 주교가 되었다고 한다. 마르코는 기독교 복음 전파를 막으려는 이교들에게 온갖 핍박을 받다가 68년에 순교하였으며, 시신은 9세기 경에 알렉산드리아 어느 성당에서 발견되었다고 한다.

마르코 성인의 시신은 828년에 베네치아공화국의 두 상인이 훔쳐서 돼지고기 밑에 숨겨 베네치아로 몰래 가져왔다고 한다. 이 내용은 관광 책자에도 기록되어 있고, 관광 가이드들도 열정적으로 소개했다. 이 이야기를 믿어야 할지 믿지 말아야 할지 모르겠다. 예수님 세대에 사셨던 분이시므로 돌아가신 지 760여 년이 지났는데, 어떻게 그것이 마가의 시신인 줄 알았으며, 760여 년이나 지난 시신을 알렉산드리아에서 베네치아까지 가져올 정도로 형체가 유지되었을까? 또 베니스 상인의 말을 믿을 수 있을까 하는 것 등이다.

그렇다고 안 믿을 수도 없다. 엄연히 828년에 시신을 가져와 그 시신을 안치하기 위하여 그 당시 공화국의 통치자인 도제(Doge)가 중심이 되어 바로 왕궁 옆에 성당을 건축하였고, 시신을 안치하였다. 그날 이후 마르코를 베네치아의 수호성인으로 정하였으며, 오늘날까지 산마르코성당 가장 거룩한 곳에 누워 계시니 말이다.

셰익스피어 희곡 소설 「베니스의 상인(The Merchant of Veneice)」이 생각났다. 채무자의 살 1파운드를 담보로 돈 3000두카드를 빌린 베니스의 상인 안토니오, 안토니오가 돈을 갚지 못하자 안토니오의 살 1파운드를 요구하는 유대인 고리대금업자 샤일록, 살 1파운드를 떼가되 피 한 방울만 흘려도 샤일록의 전 재산을 내놓아야 한다는 판결을 제시하며, 결국 빌린 돈 한 푼 갚지 않고 샤일록의 전 재산을 빼앗아 버린 베니스 상인의 이야기다.

우리나라를 코리아(KOREA)로 부르도록 서양에 소개한 『동방견문록』의 저자 마르코 폴로(Marco Polo)도 이곳 베네치아 사람이다. 사실은 마르코 폴로가 견문록의 저자는 아니고, 마르코 폴로가 재미있고 장황하게 이야기한 것을 감옥의 동료 죄수가 듣고 기록했다는 설도 있다. 내가 직접 동방견문록을 읽어 보지 못했지만, 너무 엉뚱한 이야기가 많아 전부 믿을 수는 없다고 한다.

이 화려하고 높은 예술적 유산을 창조해낸 베네치아 사람들을 거짓말 잘 한 사람들이라 할지, 상상력이 풍부한 사람들이라고 할지 모르겠다. 베네치아는 참으로 아름답기도 하지만 이상한 사람들 이상한 문화가 만들어 놓은 도시 같기도 하다.

어쨌든 이번 12일간의 유럽 여행 중 하이라이트는 베네치아 관광이었다. 수상버스를 타고 리알토 다리 밑을 통과하여 대운하 한 바퀴 돌아오는 코스도 매우 좋았다. 대운하 주변 왕궁들과 성당들, 그리고 숙박 시설인 호텔들, 대리석으로 아름답게 다듬어 지어 놓은 이 건축물들을 나는 사진 한 장이라도 더 기록해 놓고자 카메라 셔터 누르기에 바빴다.

중세기 아드리아 해 해상무역을 주름잡던 베니스의 상인들, 그들은 간곳없고 찬란한 흔적만이 남아서 이제는 관광객을 끌어들이고 있었다. 베네치아 관광을 끝으로 이탈리아 일주 관광을 마치고, 언제 다시 올 기약 없이 다음 행선지 오스트리아 인스부르크(Innsbruck)를 향해 떠나갔다.

광교산 등산

오늘이 3월 8일이다. 그동안 각 방송사의 정치 논객들 말에 따른다면 오늘이 박근혜 대통령 탄핵이 헌재에서 결정될 날인데 아주 조용하다. 선고 날짜도 잡지 못했다고 한다. 전국이 온통 초 긴장 상태다. 빨리 가부가 결정되어 정국이 안정되어야 할 터인데 나라가 매우 걱정된다. 등산이라도 가야 되겠다.

오늘은 우리 집 가까이 있는 광교산 정상까지 가보고 싶다. 교회 등산반의 본격적인 산행에 앞서 미리 연습을 해놓는 것도 좋을 것 같다. 집사람에게 내 의향을 말했더니 쌍수를 들어 환영한다. 등산할 때 먹을거리와 마실 음료수도 챙겨 준다. 특히 집사람이 손수 담가 만든 매실주스는 맛이 좋다. 우리 등산반원들은 내가 늘 가지고간 매실주스를 먹어봐서 그 맛을 다 안다. 나는 다른 간식대신 늘 매실주스를 내놓았다.

등산복에 배낭을 매고 집을 나서니 눈이라도 올 기세다. 바람까지 부니 꽤 쌀쌀하다. 입춘이 지난 지 한 달이 넘는데 전혀 봄이 오는 소리가 들리지 않는다.

등산로 입구에 세워진 등산안내 간판을 자세히 훑어보니 이곳 등산로 입구부터 광교산 정상 시루봉까지는 6.2킬로미터다. 2시간 35분이 소요된단다. 광교산 높이는 582미터다. 광교산 정상에서 수원시와 용인시가 만난다.

고려 태조 왕건이 후백제의 견원을 정벌하고 귀환 도중 광옥산 행궁에 머물렀는데 이때 광체가 하늘로 솟구쳐 올랐다고 한다. 이에 왕건은 부처님이 가르침을 준 것으로 생각하고, 광옥산을 광교산(光敎山)으로 고쳐 불렀다고 한다. 그래서 광교산이란 산 명칭이 생겼다는 것이다.

등산로 입구의 만남의교회 교회당 전면 시계를 보니 오후 1시 20분을 가리키고 있었다. 나 혼자인 만큼 시간에 구애받지 않고 천천히 오를 생각이다. 경험에 의하면 혼자서 천천히 걸으면 많이 갈 수 있다. 빨리 걷는 사람들은 대부분 정상까지는 가지 못한 것을 보았다. 10년 전에 수원 경기대학 쪽에서 출발하여 광교산을 경유하여 청계산까지 종주 등반을 했던 경험이 있는데, 천천히 걸으니까 11시간을 걸을 수 있었다. 또 하나는 멀리 가려면 혼자 가는 것이 좋다. 혼자 가면서 누구 눈치를 볼 것도 없고, 다른 사람과 보조를 맞출 필요도 없이 자기 힘에 맞추어 자기 페이스대로 가면 되는 것이다. 숨이 차면 쉬고, 산길에 잘생긴 소나무도 감상하고, 나무를 마구 찍어대며 구멍을 파고 있는 새도 구경하고, 멀리 보이는 아파트 빌딩들도 조망하면서 어느 도시 어데쯤일까 가늠해 보는 것도 재미있다.

일정 거리를 갈 때마다 이정표가 설치되어 있다. 쉼터도 마련되어 있다. 쉼터에는 앉아 쉴 수 있는 의자는 물론 여러 가지 운동기구들을 마련해 놓았다. 도시 주변 어느 산을 가든지 관할 지자체들이 등산로를 잘 정비해 놓고 주민 편의시설을 잘 구비해 놓았다. 비교적 돈을 적게 들이고 많은 주민이 좋아하는 사업이기 때문이다. 주민들의 마음에 들고 좋아하는 행정, 이런 것이 지방자치 제도가 주는 장점인 것 같다. 혹자에 따라서는 선심 행정이다거나 예산 낭비라고 말하지만 그렇게만 생각할 일은 아니다.

조금 더 가니 白軒 李景奭의 손자인 李翊成의 묘가 나왔다. 묘의 우측에는 또 다른 손자 李厦成의 송덕비가 있었다. 이경석은 병자호란 때 청 태종을 칭송하는 삼전도 비문을 찬진한 사람이다. 이경석의 묘는 여기서 4킬로미터쯤 떨어진 광교산 자락이기는 하지만 성남시 석운동에 있다.

이경석과 손자 이하성의 송덕비 비문 첫 문장이 宋時烈 등 노론은 백헌이 이조판서로 있을 때 인조께 천거하여 등용시켰다고 기록해 놓은 것이 보였다. 우암 송시열은 우리 은진 송씨 족보를 만드신 우리 선조이시다. 왜 이씨 집안 선조 송덕비에 송시열을 거론하고 있을까 하고 송덕비 비문을 자세히 읽어 보았다.

병자호란 때 남한산성에 피신해 있던 인조가 청나라에 항복하는 문제를 놓고 신하들은 척화파와 주화파로 나누어 심하게 대립하고 다투었다. 결국 인조는 청 태종 앞에 치욕적인 삼배구고두례(三拜九叩頭禮) 의식을 치루고 항복하였다. 당시 부제학 이경석은 청나라의 강압과 우리 인조 임금님의 간청에 못 이겨 삼전도 비문을 찬진한 것이다. 이에 송시열을 비롯한 노론 인사들은 이경석을 맹비난하였다.

후대에 이경석의 손자 하성은 삼전도 비문을 쓰신 이경석을 변호하는 상소문을 조정에 올렸다. “삼전도 비문은 나라가 위기에 처해 있을 때 누군가는 비문을 쓰지 않으면 안 될 불가피한 상황이었고 당시 부제학이었던 이경석께서 일신의 명예를 희생해 가면서 삼전도 비문을 쓰셨으니 진정한 충신이다.”라는 것이다. 그리고 이경석을 비판하는 노론 인사들을 인조 임금께 천거하여 등용시킨 분이 바로 이경석 자기 선조라는 것이다.

내가 판단하기에도 맞는 말 같다. 사실 그 당시는 이경석이 비난을 받았지만 후대에는 이경석이 자기 명예만을 생각하지 않고 임금을 위해 희생한 진정한 충신이라 평가받고 있는 것이다.

역사란 시대에 따라 평가가 달라지는 것 같다. 우리가 중고교 다닐 때는 동학난으로 배웠지만 지금은 동학혁명이라 하고, 군사정부 시절엔 5·16혁명으로 불렀지만 지금은 쿠데타로 부르고 있는 것이다.

지금 우리도 사드 배치문제를 놓고 찬반으로 심하게 다투고 있고, 親中이냐? 親美냐? 외교노선을 놓고도 합의를 못하고 늘 대립하고 있다. 임진왜란 직전에 일본이 우리나라를 쳐들어올 것이냐 아니냐를 놓고도 다투었고, 조선 말 親日이냐 親清이냐 친러시아냐를 놓고도 합의를 이루지 못하고 싸우기만 하였다. 오늘 우리나라 사태가 심히 걱정이 된다. 역사에서 교훈을 얻었으면 한다.

이제 겨우 절반을 왔는데 아직도 몇 개 봉우리를 넘어야 될 것 같다. 큰 강을 건너려면 작은 내도 몇 개 건너야 하고, 큰 산을 오르려면 정상보다는 낮지만 크고 작은 봉우리 몇 개는 오르고 내려야 한다. 우리 인생 삶이란 것도 그럴 것이다. 오래 살다보면 좋고 나쁜 일, 크고 작은 일도 치러야 한다. 중병도 이겨내고 가벼운 질병도 수 없이 견뎌내야 한다.

내 비록 칠순이 넘었지만 좀더 건강하게 오래 살까 하고 지금 건강을 다지고 있는 것이다. 말구리 고개를 지나 철탑 계단을 오르고 있다. 8부 능선쯤 될 것 같다. 깔딱고개다. 칠순 넘게 살았으면 지금 죽어도 크게 억울하진 않을진데 과욕이 아닌지 모르겠다.

드디어 시루봉 정상이다. 시계를 보니 오후 4시 15분, 2시간 55분이 걸렸다. 다른 사람 평균 소요시간 2시간 35분보다 20분이 더 걸린 것이다. 이 나이에 잘한 것이다. 금년도 들어와서 첫 정상 정복이다.

북쪽을 보니 관악산 청계산이 보이고 남한산성(청량산)과 송파지역 아파트와 빌딩들도 보인다. 동쪽으론 분당, 그 밑으론 용인 신갈 지역과 기흥, 남쪽으론 광교신도시 수원시가 한눈에 들어온다. 산바람이 차다. 그래도 속이 후련하고 시원스럽다. 중학 동창 친구들과 교회 등산반 친구에게 핸드폰 문자 메시지로 즉각 정상 정복소식을 띄웠다. 즉각 몇 사람으로부터 반응이 왔다. 축하한다고 건강한 모양이라고, 무리하지 말라는 당부 말도 덧붙였다.

비록 하산길이지만 6.2킬로미터, 십오 리 길이다. 까마득하다. 발길을 재촉하여야 할 것 같다.

그때 그 사람들

오늘 우리 부부는 런던과 파리 여행을 마치고 인트라켄에서 융프라우를 등정한 후 밀라노로 가기 위하여 여기 피어발트슈테터 호수를 지나가고 있다. 지금부터 꼭 10년 전, 선진국 자원회수시설 시찰단을 이끌고 이 호수에 들렀던 일이 생각난다. 그때 함께 시찰했던 문정 장지동 주민과 두 분의 교수 및 젊은 두 기자 등 19분의 얼굴이 한 사람 한 사람 떠오른다.

10년 전, 그러니까 송파구 선진국 자원회수시설 시찰 여행은 1996년 9월이었다. 송파구청에서는 그날 이후 두 번 더 선진국 자원회수시설 시찰여행을 실시하였다.

유감스러운 것은 당시 구청장이 그토록 애정과 열정을 가지고 추진했던 소각장 건설은 1만3천 평의 건설부지만 확보해 놓고 인근 지자체 및 후임 구청장의 건설 반대와 서울시의 소극적인 자세로 중단되었다는 사실이다. 서울시 예산 3천억 원을 끌어다가 열분해 방식이란 최신 공법으로 공해 없는 소각장으로 짓고 싶어 했다. 빈 시내에 있는 스피텔라우 소각장처럼 예술품 같은 아름다운 건물을 지어 송파구의 랜드마크로 만들고 싶었다. 수천만 원의 예산을 투입하여 주민들로 하여금 선진국 소각장을 보고 오게 하는 등으로 큰 민원 없이 지을 수 있었는데 참 아쉬움이 컸다.

그때 함께 시찰했던 사람들의 얼굴이 눈에 아른거려 온다. 나도 이제 퇴직을 눈앞에 두고 있지만 그분들도 10년의 세월이 흘렀으므로 그분들이 맡은 일자리에서 떠났을 것이고 외모도 많이 변했을 것이다. 그때 국제야간열차를 급정거시킨 장지 건영아파트 동 대표는 그 사건 이후 예상했던 대로 구정을 수행하는 데 매우 협조적인 주민이 되어 주었다.

지역사회를 위하여 열정적으로 앞장섰던 분들이었다. 그 열심이 지나쳐서 공무원들이 행정을 수행하는 데 다소 짐이 되기도 했지만 공익을 위하여 일하도록 울타리를 쳐준 훌륭한 분들이었다. 나는 지금도 그 분들에게 감사한 마음을 간직하고 있다.

나는 한 세상을 살아오면서 가족이나 학우로서 또는 직장이나 사업을 통하여 좋은 인연이든 나쁜 인연이든 많은 인연을 맺으면서 살아왔다. 그러나 지금 남아 있는 인연보다 멀어지거나 끊어진 인연들이 점점 많아짐을 알고 있다.

지금 우리가 지나온 여행지가 아무리 아름다울지라도 다시 올 수 없듯이 한 번 멀어지거나 끊어진 인연을 다시 복원하기는 어려울 것이다. 현재 남아 있는 인연들을 보석처럼 잘 가꾸어 가야겠다는 다짐을 해본다.

피어발트슈테터 호수의 카펠교와 파란 하늘은 10년 전처럼 여전히 아름다웠다. 그리스도를 처형한 로마 총독 빌라도의 망령이 구천을 헤매다 이 산에 정착하였다는 필라토스(Pilatus) 그 산 정상에서 지금은 11월 초겨울이어서 그런지 다소 차가운 바람이 불어온다.

하나님께서 우리 인류를 위하여 이토록 아름답게 지구를 창조해 주셔서 감사드린다. 우리나라 금강산도 아름답고 설악산도 아름다우며 알프스도 언제 봐도 아름답다.

지구상에 있는 모든 인류가 백인이든 흑인이든 황색인종이든 차별

없이 서로 싸우지 말고 평화롭게 살았으면 좋겠다. 유럽을 여행하면서 느낀 세계 역사는 온통 정복과 전쟁의 역사이고 사람을 죽이고 죽는 이야기들로 가득 차 있었다.

서유럽 6개국 관광단 일행을 태운 관광버스는 10년 전에 달렸던 루체른에서 밀라노까지 국제고속도로를 오늘도 똑같은 코스로 달려가고 있다. 밀라노와 로마 등 이탈리아 일주 여행을 마치고 오스트리아를 경유 독일로 되돌아 올라올 것이다.

여행은 즐겁기도 하지만 끝은 슬픈 것 같다. 내 옆자리에 앉아 있는 아내의 검은 눈동자에도 슬픔이 느껴진다.

문학 기행

원두막문학회 첫 문학기행은 강원도 영월로 갔다. 정월 이십육일, 겨울 날씨답게 날씨가 매우 쌀쌀 하였다. 약속 시간에 만남의 장소에 나갔을 때 회장님과 정태은 님은 두터운 점퍼와 털모자까지 쓰시고 나와 있었다. 금동춘 시인과 유기충 시인도 단단히 무장을 하고 나오셨다. 여성 회원은 조영희 사무국장과 배성희 시인 두 분이 나오셨다. 우리는 회장님과 내가 가지고 나온 승용차 두 대에 나누어 타고 기분 좋게 출발하였다.

우리가 첫 도착한 곳은 서강 청령포 나루였다. 강물은 건너편 소나무 숲을 급하게 휘감아 돌아 남쪽으로 흘러가고 있었다. 강폭은 그다지 넓지 않으나 돛단배 한 척이 사람들을 실어 나르고 있었다. 나룻가에는 왕방연의 시비가 유유히 흐르는 강물을 내려다보며 서 있었다.

> 천만리 머나먼 길에 고운님 여의옵고, 내 마음 둘 데 없어 냇가에 앉았으니 저 물도 내 안 같아야 울어 밤길 예놋다.

학창 시절에 배우고 외웠던 금부도사 왕방연의 시이다. 자기가 모시던 임금님을 끌고 와서 절해의 고도 청령포에 남겨두고 떠나야 하는 금부도사의 서글픈 처지는 단종의 슬픔에 못지 않았을 것이란 생각이 들었다.

나룻배를 타고 강을 건너 자갈밭을 지나 소나무 숲으로 향했다. 육백년 전 17살 어린 단종이 숙부 수양대군에게 왕위를 빼앗기고 노산군으로 강봉되어 군관들에 끌려 이 퍽퍽한 자갈밭을 걸었을 모습을 상상하니 가슴이 먹먹해진다. 자갈밭을 지나 숲속으로 들어서자 길가에 금표비가 서 있었다. 육십 리 안으로 사람이 접근해서는 안 된다는 내용이다. 말도 안 되는 소리다.

숲속에는 단종 유배생활 처소와 시녀 및 관노가 기거했다는 초가 행랑채가 있었다. 다섯 칸 기와집 마루 위에는 한문과 한글로 새겨진 어제시가 걸어져 있었다.

단종이 쓴 시 같은데 확실하지 않다.

> 천추의 원한을 가슴 깊이 품은 채, 적막한 영월 땅 황량한 산 속에
> 만고의 외로운 혼이 홀로 해매는 데, 푸른 숲은 옛 동산에 우거졌구나.
> 고개 위 소나무는 삼계에 늙었고, 냇물은 돌에 부딪쳐 소란도 하다.
> 산이 깊어 맹수도 득실거리니, 저물기 전에 사립문을 닫노라.

처소 밖 소나무 숲에는 단종이 앉아서 깊은 시름을 달랬다는 관음송 한 그루가 서 있었다. 어린 단종의 울부짖는 소리를 다 들었다는 관음송, 소나무 가지들은 뒤틀려 있었다. 나무도 속이 상해 저토록 몸부림쳤나 보다. 서쪽 강가로 다가가자 단종이 자주 올라가 생각에 잠기곤 했다는 노산대(魯山臺)라는 바위가 있고, 조금 더 산 절벽 위로 올라가자 망향탑이 있었다. 단종이 한양 하늘을 바라보며 정순왕후를 그리워하며 막돌을 하나하나 주워 쌓아서 망향탑이라 했다는 것이다.

왕위에서 쫓겨나 엘바섬에 갇혔다는 나폴레옹이 생각난다. 엘바섬을 탈출한 나폴레옹은 다시 황제가 되고 영웅이 되었다. 단종은 비록 17살로 어리지만 한 나라의 통치자로 혈기왕성할 나이인데 탈출을 시도했다는 흔적은 없고 늘 슬퍼했다는 이야기만 전해 내려오고 있다. 동양과 서양의 문화 차인 것 같았다. 누구는 쿠데타(coup d' e · tat)로 왕위도 찬탈하고 대통령도 되는데 부당하게 왕위를 빼앗기고도 저항 한 번 못해 보고, 대세에 순응한 단종은 물론 이를 당연한 것으로 받아들인 그 당시 세상 사람들도 이상하게 느껴졌다.

세조 3년 1457년 6월 노산군으로 강봉되어 청령포에 유배된 단종은 그해 8월에 큰 장마가 들어 물이 차오르자 영월 관풍헌으로 옮겨 기거케 하였다. 그리고 유배생활 4개월 만인 10월 24일 사약을 받고 짧은 생을 마감해야 했다.

망향탑에서 바라본 서강은 푸르고 맑고 아름다웠다. 강가 절벽 노송은 강물과 어우러져 절경을 이루고 있었다. 서강은 600년 전 4개월간의 슬픈 역사를 간직한 채 유유히 흐르고 있었다.

점심을 영월 특식으로 맛있게 먹은 후 우리 발길은 장릉으로 옮겨졌다. 관리사무실에서 문화해설사 한 분이 안내를 하겠다며 따라 나섰다. 능으로 오르면서 당시 영월 호장이었던 엄홍길에 의해 이곳에 단종의 시체가 암매장된 경위부터 설명했다. 들키면 삼족이 멸할 수 있는 위험을 무릅쓰고 야밤에 강물에 떠내려가는 시신을 건져 등에 업고 이곳에 암장했다고 한다. 그 후 엄홍길 후손들은 250여 년간이나 숨어 살았단다. 능 주변에는 오래된 소나무들이 마치 신하들이 능을 향해 절을 하듯 능 쪽으로 굽어 있어서 충절송이라 부른다는 것이다.

정조 15년에 건립했다는 배식단사(配食壇祠)에는 단종과 관련되어 희생된 264분의 위패가 모셔져 있다. 실로 수많은 사람들이 희생되었다는 비극을 말해 주고 있었다. 인근 영주 순흥에서도 금성대군이 사육신과 같이 단종 복위를 꾀하다가 발각되어 수많은 사람들이 희생되어 그 피가 무려 4킬로미터까지 흘러갔다고 전해 내려오고 있다. 영월은 가는 곳마다 사람 죽는 비극적 역사 이야기뿐이었다.

저녁이 가까워오자 되돌아갈 빙판길이 걱정이 되었다. 조심조심 서둘러야 했다. 영월읍내로 되돌아가 장릉을 거쳐 평창 가는 31번 국도를 따라가니 길가에 선돌 전망대 입간판이 나타났다. 선돌은 영월 남골과 남애마을 사이의 서강 가에 서 있는 70미터의 두 절벽 바위를 말한다. 길가 주차장에 차를 세워두고 길 밑으로 조금 내려가니 선돌을 가장 잘 볼 수 있는 곳에 영월군청에서 전망대를 꾸며 놓았다. 우리 일행은 드디어 전망대 위에 섰다.

마침 서쪽 산으로 저녁노을이 붉게 불타며 넘어가고 있었다. 두 선돌 사이로 아득히 굽이쳐 흐르는 서강은 참으로 절경이었다. 저녁노을을 바라보는 노 시인들의 눈빛과 가볍게 바람에 날리는 흰 머리카락까지도 한없이 슬퍼 보였다. 이 분들은 왜 하필이면 이리도 차가운 날 영월 땅에 와서 슬픈 역사 이야기만 가지고 간다는 말인가! 사람이 산다는 것 다 슬픈 것이어서 슬픔을 좋아한가 보다!

옛 청산은
지금 더 푸르러 애달프고
회색 빛 강줄기는
북방으로 숨어든다.
골골이 슬픈 이야기
인생은

눈물이어라

선돌 관람을 끝으로 문학 기행을 마치고 서울로 돌아오면서 나는 영월서 느낀 지배적인 인상을 형상화하고 "인생은 슬픈 것이다"라는 주제로 한 편의 시조 시를 썼다. 그리고 이 시는 2010년 여강문학지 『여강의 물결』에 발표했다.

방랑시인

오늘은 영월에 있는 난고 김삿갓 문학관을 찾았다. 난고(蘭皐)는 김병연(金炳淵)의 호이고 김삿갓은 별호(別號)이다. 김삿갓 문학관은 영월군 김삿갓면 와석리 913-1번지, 마대산과 어래산 사이 계곡 노루목이란 곳에 세웠다. 문학관 가는 길목에 김삿갓 묘도 있다. 문학관은 강원도가 강원도의 얼 선양사업의 일환으로 2003년 10월에 건립 준공하였다고 한다.

서강은 청령포 아래서 동강과 만나 남한강을 이루어 남쪽 단양 쪽으로 흘러간다. 서강과 동강이 합류하는 동강 남쪽 지역이 김삿갓 면이다. 원래는 하동면이었는데 김삿갓문학관이 생기면서부터 면(面) 명칭까지 바꾼 듯하다. 88번 지방도는 남한강을 따라 가다가 대야리에서부터 옥동천을 따라가는데, 난고문학관은 이 88번 도로를 따라가면 된다. 가는 길은 날씨까지 추워지면서 빙판길이 되어 있었다. 문학관은 김삿갓 계곡에 있는 김삿갓 묘 앞을 조금 지나자 나타났다.

김병연(1807~1863)은 경기도 양주에서 출생하였다. 순조 7년에 세도가 장동 김씨 집안에서 태어났다. 선천부사 김익순의 손자로 태어난 것이다. 그런데 할아버지 김익순이 홍경래 난 때 투항한 바람에 병연의 집안이 멸족을 당하게 되었었다. 이때 나이 6세인 병연은 형 병하와 함께 황해도 곡산으로 피신, 숨어서 살았다고 한다. 그 뒤 집안이 멸족에서 폐족으로 사면되면서 어머니를 따라 강원도 영월로 옮겨 살았지만 계속 조상을 숨긴 채 숨어 살았다.

세월은 흘러 성인이 된 병연은 영월에서 실시한 과거시험에 응시하였다. 김익순이 조부인 줄 몰랐던 병연은 김익순을 통렬히 꾸짖고 비난하는 시를 써서 장원 급제하였다.

신하라고 불러 오던 너 김익순은 듣거라!
정공은 경대부에 불과해도 충성을 다하지 않았는가?
너는 적에게 항복한 漢나라의 李陵과 같으나
정시의 그 공명이 열사로서 길이 빛나리라.
(중략)
이느 가문에서 나온 버슬아치냐고 물어 보았더니
문벌은 명성이 드높은 장동 김씨요
항렬은 장안에서 소문난 순자 돌림이 아니더냐.
(중략)
너는 죽어 황천에도 못 갈 놈이라
저승에는 선대왕이 계실 것이니 말이다.
너는 임금도 배반하고 조상도 배반한 놈
한 번 죽어서는 너무 가볍고 만 번 죽어야 마땅하다.
춘추의 필법을 너는 아느냐 모르느냐
치욕적인 이 사실은 역사에 남겨 길이 전해야 하리.

병연은 장원급제 후 어머니로부터 김익순이 병연의 조부라는 것과 폐족으로 성까지 숨겨가면서 살 수밖에 없었던 사연을 전해 들었다.

병연은 조상을 욕되게 한 죄인이라는 자책과 폐족에 대한 멸시 등으로 가출하지 않을 수 없었다. 20세 무렵 가출하여 푸른 하늘을 볼 수 없는 죄인이라고 삿갓을 쓰고 죽장을 짚은 채 방랑생활을 시작하였다. 병현은 57세의 나이로 전남 화순에서 객사할 때까지 하늘을 보기도 부끄럽고 사람들을 보기도 부끄러워서 삿갓을 쓰고 다니며 구걸로 살아갔다고 한다.

김삿갓 역시 기구하고 한평생 슬픈 인생을 살 수밖에 없었다. 지금까지 나는 김삿갓 그 시만 읽어 보고 낭만적인 방랑시인으로만 알았었다. 김병연은 금강산 등 전국을 순회하면서 수많은 시를 지어 방랑시인이란 명예를 얻었으며 후대사람들의 사랑까지도 얻게 되었다.

영월군청에서 관광객을 유치하고자 문학관을 건립하고 홍보에 열을 올리고 있다. 시가 훌륭하여 시를 찬양하는 건지, 병연이란 사람이 훌륭한 삶을 살아서 찬양하는 건지 얼른 판단이 서지 않았다.

어쨌든 이제 김삿갓은 삿갓과 죽장을 벗어 내려놓고, 거기 김삿갓 계곡 유리알보다 더 맑은 마포천가에 누워, 태백산 정상 위를 흘러가는 흰 구름 떼와 파란 하늘을 바라보는 자유를 마음껏 누리고 있었다.

청첩장

직장 후배로부터 결혼식에 와 달라는 초청을 받았다. 같은 부서에 근무한 적은 없지만 오가면서 만나면 친절히 인사를 나누는 후배다. 둘째아들 결혼식이란다. 요즘 딸자식 결혼시키기가 참으로 어려운데 진심으로 축하할 경사다. 기쁜 마음으로 가서 마음껏 축하해 주고 싶다.

퇴임한 지 10여 년이 지났고 나이 칠순을 넘기니 청첩장을 받는 횟수가 많이 줄어든 것 같다. 알고 지내던 사람들 대부분은 자녀 결혼을 다 시켰거나, 요즈음 결혼을 포기한 청년들이 많다는데 결혼을 포기한 자녀를 둔 부모들이 많기 때문일 것이다. 많지 않는 봉급에 지나치게 초청장이 많이 올 때는 여간 부담이 되었다. 상부상조 품앗이라 생각하고 참고 견디었지만 직장인들에게는 큰 고통이었다.

양복을 차려입고 전철을 탔다. 전철 안이 만원이다. 전철 안을 두리번거리며 쭉 둘러보았다. 양복 입고 넥타이 매고 정장 갖추어 입는 사람은 나 한 사람뿐인 것 같다. 나보다 약간 젊으신 분 같은데 자리에서 일어서면서 나에게 자리에 앉기를 권한다. 괜찮다고 다시 앉으시라고 사양을 하고 얼른 옆을 보니 나보단 더 젊어 보이는 할머니 한 분이 서계셨다. 갑자기 신사도가 발동했다. 할머니에게 내 손으로 빈 좌석을 가리키며 앉으시라고 아주 친절히 권하였다.

퇴임 후 건강을 지키면서 큰 돈 안 들고 다른 사람과 잘 어울릴 수 있는 것은 등산이 최고라고 생각하였다. 그래서 교회 동갑내기 교우들과 등산반을 만들어 열심히 등산을 다녔다. 적어도 일주일에 한두 번은 꼭 갔다. 다리 힘을 기르기 위해 정상까지 포기하지 않고 꼭 가고, 돌아갈 지름길이 있어도 가파른 깔딱고개도 일부러 기어올랐다. 전철에서 엘리베이터나 에스컬레이터를 타기보다는 계단을 타고 오르내린다. 어떤 친구는 아파트에서도 계단을 타고 오르내린다고 한다. 건강하고 오래 살려고 모두 열심들이다.

내가 원래부터 이렇게 신사도를 잘 지키는 건 아니었다. 전철에서 멋진 할아버지처럼 신사도를 발휘하는 건 순전히 등산을 많이 다니면서 깨달은 결과물이다. 일부러 건강하려 시간을 내어 많은 시간을 서서 걷고 산을 오르내리는데 무엇 때문에 전철에선 앉아서 간단 말인가! 전철에서도 서서 차량이 움직이는 데로 승객이 움직이는 데로 따라 움직여 주면 운동이 될 게 틀림없었다. 자리를 양보하니 내가 마치 신사인양 내 스스로 기분도 좋고 다른 사람도 그렇게 봐주는 것 같아 좋다.

기왕에 신사도 이야기가 나왔으니 신사도라 할지 모르지만 내가 옳다고 지키는 몇 가지를 소개하고 싶다. 등산이나 여행이나 어떤 모임에서 어떤 분이 10분 20분 아니 한 시간을 늦게 도착한다 해도 나는 기쁘게 기다릴 수 있는 마음의 여유가 생겼다. 어차피 집 밖에서 지내기로 작정한 시간인데, 누구 기다리는데 시간을 보낸들 어떠한가! 농어촌에 가서 농산물 사줄 때 절대로 물건 값 깎지 않는다. 식당이나 유흥음식점 가서 종업원에게 절대로 반말하지 않으며, 바쁜 사람에게 쓸데없는 농담 걸어 괴롭히지 않는다. 여성에게 절대로 성적 농담 하지 않는다. 별로 많지 않는 물건이나 음식 팔아 주면서 생색내고 갑질하지 않는다. 공직에 있을 때 수십 수백억 취급하던 자존심을 지키기 위해서다.

예식 시작 10분 전에 정확히 예식장에 도착했다. 벌써 많은 분들이 와서 서로 아는 사람끼리 악수를 나누고 안부를 묻는다. 혼주를 찾아가 축하인사를 건네고 축의금을 접수시켰다. 친인척이 아닌 대부분 하객들은 예식 홀은 거들떠보지도 않고 로비에서 바로 피로연장으로 직행한다. 나도 예전에는 그랬었다. 그러나 요즈음은 반드시 예식홀에 들러 빈 좌석이 있으면 좌석에 앉아 예식에 참여한다. 빈 좌석이 없이 하객으로 꽉 찼다면 지인과 어울려 식당으로 갈 수는 있다. 예식에 참여하여 축하해 주러 왔지 축의금 내고 밥 먹으러 온 것 아니지 않는가. 신사가 취할 도리가 아닌 것 같아서다.

귀한 예식의 자리에 내 이름 기억하고 초청해 주어 고맙고, 이 나이에 내가 아직 살아서 귀한 자리에 초청받고 참석할 수 있이 얼마나 기쁜지 모른다. 몇 년 전 심장질환으로 쓰러져 죽을 뻔했는데 이제 덤으로 사는 인생, 하루하루가 귀하고 기쁘다. 매시간 진지하고 감사한 마음으로 살고 싶다.

초청장만 오면 기쁜 마음으로 가야겠다. 다음 주엔 또 어떤 친구로부터 초청장이 날아들지 기대된다.

여자의 길

우리 귀여운 둘째딸 은영이가 결혼을 하겠단다. 여자가 가야 할 길로 가겠다는 것이다. 결혼 적령기가 되었을 때 아빠와 엄마가 결혼을 독촉하자 "아빠! 꼭 결혼해야 되요?"라고 반문하여 우리를 당황하게 했던 딸아이가 세월의 압력을 이기지 못하고 드디어 굴복하고 만 것이다. 부모 된 우리도 세상 풍속 따라 결혼하도록 권유도하고 압박도 했지만 정말 결혼하는 것이 행복의 길인지는 잘 모른다. 막상 딸애 본인이 시집가겠다니 기쁘기도 하고 섭섭하기도 하고 안쓰럽기도 하다. 드디어 여자의 길로 나서는구나! 제발 잔느*가 걸었던 여자의 일생이 아니라, 우리 딸들은 일생을 자기가 하고 싶은 일을 하면서 즐겁고 보람되게 살아갔으면 좋겠다.

내가 소설 「여자의 일생」을 읽은 것은 고등학교 시절 사춘기였다. 그 소설을 읽고 '여자의 일생이란 슬픈 것이다.' 그런 인생관을 가지게 되었다. 어릴 적 주변에서 보아 왔던 많은 여인들의 삶이란 것이 다 슬픈 것들이었다. 우리 집 뒷집 초등학교 동창 애, 바로 옆집 예쁘장한 가시나는 어디서 어떻게 사는지도 모른다. 내 눈에 조금 예쁘게 보였던 동창 계집애는 어느 하숙생하고 눈이 맞아 일찍 결혼하더니, 남자가 사고를 치고 밤 봇짐을 쌌다는 소식만 들려왔다.

은영이가 초등학교 2학년 때의 일이다. 우리 아파트단지 후문 출입구에 한 노파가 땅바닥에 앉아 설탕과자를 만들어 어린 아이들에게 팔고 있었다. 그런데 어느 날 은영이가 그것을 사달라고 조르는 것이다. 길가에서 만든 불량식품을 사먹으면 안된다는 교육을 엄마로부터 여러 번 받았건만 의외의 요구를 한 것이다.

할머니가 땅에 앉아 코흘리게 어린이들에게 보잘 것 없는 것을 팔고 있는 모습이 우리 딸애가 보기에도 안쓰러워 보였던 모양이다. 그 할머니의 물건을 팔아 주기로 하고 애의 손을 잡고 따라 나섰다. 우리가 사는 아파트 건물을 돌아 단지 출입 통로에 앉아 계시는 할머니 앞에 섰다. 그리고 설탕과자 몇 개를 만들어 주도록 요청을 했다. 할머니는 설탕 몇 숟가락을 불판에 올려놓고 설탕이 녹자 열심히 저으면서 설탕과자 모양을 만들고 계셨다.

그런데 정작 우리 딸애는 설탕과자에는 관심이 없고, 할머니의 이마에 깊게 파인 주름살에만 눈빛이 가 있는 것이다. 우리 딸애는 벌써 예리한 감성으로 할머니 이마의 거친 세월의 트랙을 따라 인생의 깊은 고뇌를 읽고 있었다.

나는 우리 어린 딸에게 보여 주어서는 안 되는 인생의 비밀 같은 것을 보여 주는 것 같아 가슴이 아팠다. 우리 딸애는 그렇게 어릴 적부터 다소 비관적인 인생관을 터득해 가고 있는 것으로 보였다.

그래, 인생은 다 그런 것이다. 이 땅은 나그네 길 같은 것, 천국이 아니니까! 딸애야! 그래도 시집가서 이 땅에서 주어진 시간이나마 열심히 살고 만나는 인연들을 소중히 생각하면서, 천국에의 소망을 가지고, 열심히 살아가기를 기대하고 소망한다.

* 잔느: 모파상 소설 「여자의 일생」에 나오는 여자 주인공.

바다가 보고 싶다

5월 가정의 달을 맞이하여 집사람과 함께 장인어르신을 모시고 인천 앞바다를 다녀왔다.

장인어르신은 1930년생이시니 올해 연세가 만 86세를 넘기셨다. 여러 해 동안 허리통증으로 시달리시더니 작년 봄에는 상계동 백병원에서 방광수술까지 받으셨다. 수술 후 마음이 무척 약해지셔서 곧 돌아가실 것처럼 말씀하시면서 하나씩 하나씩 사후 대비를 하시는 것 같다. 장사위인 나도 가슴이 아프고 신경이 쓰인다. 허리와 다리까지 아프신지 지팡이를 짚으시고도 50여 미터도 못 걸으시고 힘들어하신다. 그런대도 요즈음 무척 바닷가를 가보고 싶으시다 말씀하시면서 모시고 가주기를 바라셨다. 젊은 날의 아름다웠던 추억을 회상하여 당신이 자주 가보았던 바닷가를 가고 싶어 하실 것이라고 집사람은 추측하였다.

올초 미국에 이민 가 사는 큰처남이 장인어르신이 보고 싶어 한다는 말을 듣고 한국에 나왔다. 그리고 귀국할 무렵, 장남이 아버지의 청을 들어드리려는 마음으로 속초행 여행 계획을 세웠다. 청간정이나 낙산사 앞까지 모시고 가서 넓고 푸른 동해바다를 마음껏 보여 드릴 계획이었다. 속초항에 들러선 아버지께서 좋아하신 회도 마음껏 사 드리고 싶어 하였다.

그런데 여행하기로 계획한 날 유감스럽게 하얀 눈이 펑펑 쏟아졌다. 이를 어쩌나! 말할 필요 없이 눈길 여행은 대단히 위험했다. 불가능했다. 우리 부부는 극구 여행을 말렸고 결국 속초행 여행을 포기할 수밖에 없었다. 모처럼 장남이 아버지께 조그마한 소망 하나 들어드려 효도하고자 했는데 날씨가 방해를 치고 말았다. 미국 시민권자인 장남은 귀국 날짜가 다 되어 미국으로 돌아갔다.

장인어르신의 건강 상태로 보아서 어르신의 이 조그마한 소망을 올해를 넘기면 들어드리기 힘들 것 같았다. 장사위인 나의 건강 상태나 집사람의 나이로 봐서도 가족을 가뜩 태우고 장거리 운전을 하는 것은 무리라고 생각되었다. 집사람과 얼굴을 맞대고 깊이 상의를 하였다. 다소 무리가 가더라도 올 5월 가정의 달에 장녀와 장사위가 장인어르신의 이 소박한 소원을 들어드리기로 결론을 내렸다. 그렇게 이번 5월 첫 주 바닷가 여행을 가기로 결정한 것이다.

나는 즉각 지도를 펴들고 좋아하실 만한 장소를 찾아보았다. 넓은 바다, 바라볼 수 있는 장소, 교통편, 함께 가야 할 가족, 이 모든 것을 고려하여 인천 앞바다로 내가 먼저 결정하였다. 코스는 강변북로를 따라 드라이브하면서 한강을 구경하고 인천공항고속도로를 달려서 영종대교를 건너고 인천대교를 건너오면서 다리 위에서 인천 앞바다며 월미도와 인천항구, 인천항을 호위하고 있는 여러 섬들의 풍광도 구경하면서 인천항 연안부두에 차를 대기로 한다. 인천 종합수산물센터에서 회와 점심으로 배를 채우고 연안부두 전망대 카페에서 커피를 들면서 다시 바다를 구경하는 것으로 코스와 일정을 정하였다. 일정과 코스를 자세히 설명해 주니 집사람도 좋다고 적극 찬성해 주었다. 즉각 어르신과 같이 갈 가족들에게 통보토록 하였다.

이렇게 하여 5월 첫주 오늘 장인 장모님을 모시고 인천 앞바다를 다녀왔다. 함께 동행한 사람은 집사람 외에 일산에 사는 처제 내외 그리고 처제 여섯 살짜리 막내딸 한 명, 우리 부부, 장인 장모님 이렇게 일곱 명이 되었다.

나는 계획을 세울 때부터 소화가 안 되었다. 승용차를 몰고 인천항을 가는 것도 처음이고 상당히 복잡하고 다양한 길을 따라 운전하는 것도 부담이 되었다. 스트레스에 민감한 나의 위가 반응을 보인 것이다. 거리상으로나 시간으로나 얼마 전까지도 깜도 되지 않을 수월할 여행길인데 나이가 있으니 나도 모르게 꽤나 스트레스를 받는 모양이다.

집사람과 나는 이렇게 열심히 계획을 세우고 소화가 안 될 만큼 스트레스를 받아 가면서 여행을 준비했는데 장인 장모님은 기대했던 만큼 좋아하시질 않으셨다. 멋진 서울의 한강변을 드라이브하는데도 강변 따라 줄줄이 가지가지 자태를 뽐내고 서있는 빌딩과 아파트 숲들, 잘 다듬어진 도로변 녹지와 수목들, 내 눈에는 너무 좋고 아름다운데 어르신은 무덤덤해 하신다. 인천대교는 어떤가! 하늘과 바다가 맞닿아 있는 공간을 활처럼 타원형을 그리며 차가 하늘로 붕 떠서 오르는 듯하다가 미끄러지듯 하강하고, 월미도 등대도 가까이 보이고, 저 멀리 인천공항 하며, 그 앞에 무의도, 쭉 돌아가서 영흥도와 대부도도 보인다. 나는 인천대교 드라이브코스가 너무 좋아 직장 모임에서 관광버스를 대절, 세 번에 걸쳐 단체관광을 시켰고, 승용차로도 열 번도 넘게 드라이브하였다. 그때마다 모두 탄성을 울리며 코스를 잘 선택했다고 칭찬을 아끼지 않았다. 그런데 정작 바다 구경시켜 달라던 장인어르신은 보는 듯 마는 듯 졸기까지 하시는 것 같았다. “바다가 보고 싶다.” 그렇게 열망하셨지만 연세가 드시고 육신이 옳지 않으시니 너무 힘들고 피곤하신 모양이다. 차에서 내려서 식당까지 걸어가시는데 너무 힘들어하시며 30여 미터도 못 걸으시고 주저앉고 싶어 하셨다. 어르신 손을 붙들고 부축하는 집사람도 너무 힘들어 쓰러질 것 같다고 비명이다.

아버지 모습에 가슴이 아프고 서글프다. 지금의 건강 상태로는 집 가까이 있는 식당으로도 모셔가기 힘들 것 같다. 평소에는 집에서 식사하시기보다는 맛있고 다소 음식값이 비싸지만 고급 식당의 외식을 좋아하셨는데 안타깝다. 나는 실망하는 집사람을 위로하였다. 우리가 아주 잘 모셨다고는 할 수 없으나 나름대로 최선을 다했으니 그대로 만족하자고 말이다.

'그리고, 우리 부부도, 아버지의 저 모습이 우리들 모습이 아니겠는가! 인생이 다 그런 것이니까!' 하는 생각이 들었다.

신앙생활

성경 사도행전을 읽으면 사도행전의 중심인물 바울을 만날 수 있다. 나는 사도행전을 읽으면서 교회 용어로 은혜를 많이 받는다. 누가 나에게 가장 존경하는 사람이 누구냐고 묻는다면 나는 두말 할 필요 없이 사도 바울이라고 대답할 것이다.

사도 바울은 예수님 활동 당시 소아시아 길리기아의 다소에서 출생하셨다. 가말리엘 랍비 밑에서 철저히 유대교 교육을 받으셨다. 바리새인으로서 엄격주의자에 속하신 분이시다. 바울은 다소 시민권뿐만 아니라 로마 시민권도 가지고 있었다. 회심하기 전 바울은 그리스도인들을 박해하는 데 앞장섰던 율법주의자이셨다.

바울은 어느 날 다메섹 도상(途上)에서 돌아가신 예수님을 만났다. 그리고 예수님으로부터 이방인에게 그리스도의 복음을 전하라는 계시(啓示)와 사명을 받으셨다. 이때부터 바울은 이방인에게 예수 그리스도의 복음을 전하는 일에 진력하셨다.

바울은 현재의 시리아 터키 그리스 지역을 3차에 걸쳐 선교여행을 하면서 복음을 전하고 교회를 세웠다. 말년에는 죄수의 몸으로 재판을 받기 위하여 로마로 잡혀 가셨다. 로마에서도 복음을 전하셨다. 64년 로마시에 대화재가 일어났을 때 네로의 박해로 사망하셨다고 알려지고 있다. 신약 성경 27권중 13권이 사도바울 서신이다. 그분은 그리스도교를 유대교의 한 종파에서 분립시켜 세계적인 종교로 탄생시킨 분이시다.

내가 이 시점에서 사도 바울의 선교적 삶을 살펴본 것은 나의 신앙생활을 바울의 선교활동에 비추어 되돌아보고, 얼마 남지 않는 이 땅에서의 삶과 활동에 대비하기 위함이다.

내가 처음 기독교를 접하게 된 것은 미션스쿨인 서울 대광고등학교에 입학하면서부터라 할 수 있다. 학교 설립자이자 이사장이신 한경직 목사님을 대단히 존경하였고, 목사님이 담임으로 시무하시는 영락교회를 열심히 다녔다. 대광고등학교와 영락교회에서 기독교의 기본과 흔들리지 않는 원칙을 배우고 다질 수 있었다.

고등학교를 졸업하고 군에 입대해서도 교회에 열심히 출석하였다. 제대 후에는 서울시 공무원이 되어서 서울시청과 서울시 산하 구청 사업소 등을 옮겨 다녔다. 그리고 가는 곳마다 직장 선교회를 세우거나 선교회 활동에 적극 참여하였다. 그 결과 목사나 장로까지는 못 되었어도 서울에 있는 대형교회의 안수집사까진 되었다. 이 모든 것 전적으로 하나님의 은혜요 보살핌이라 생각한다.

우리 가문은 가문복음화(家門福音化)를 온전히 이루었다고 자랑할 수 있다. 우리 부모님과 5남매 가족 10명은 1970년경 고향마을에 댐이 들어서면서 모두 서울로 이주하였다. 이주 당시 세 가정 10여 명의 식구가 40여 년이 지난 오늘에는 열세 가정 50여 명의 가족으로 늘어났다. 처음 이사 올 때는 단 한 사람도 기독교를 믿는 사람이 없었으나 지금은 둘째형님 내외분을 제외하고는 모두 교회를 다니며 신앙생활을 하고 있다. 95% 복음화률, 놀라운 수치라 아니할 수 없다. 우리 가문 복음화에는 나보다는 집사람 역할이 매우 컸다.

첫 직장에서 3년 근무를 마치고 두 번째 근무지로 성동구 능동에 있는 어린이대공원으로 발령이 났다. 워싱턴 광장보다 더 넓은(?) 정문광장에 내렸을 때 11월 늦가을, 낙엽은 바람에 날리는데 장군보다 더 풍채 좋고 멋진 수위장이 달려 나와 거수경례를 부치며 맞아주었다. 서무주임님(?)이 새로 발령 받고 오신다는 것을 미리 통보받아 알고 있는 듯 했다. '사업소란 곳이 이런 곳인가!'

경찰서장 출신 공원관리소장은 연세가 꽤 드신 분이신데 영락교회 집사님이셨다. 내가 대광고등학교와 영락교회 출신임을 아시고 무척 반겨 주셨다. 소장님은 직원 복음화는 물론 공원 관람객을 상대로 복음을 전할 꿈을 가지고 계셨다. 나는 신우회장을 맡아 즉시 실무 작업에 들어갔다. 교양관 옥탑방에 목사 실을 꾸미고, 영락교회에 공문을 보내어 목사님 한 분을 파견해 주도록 요청하였다. 매주 수요일 점심시간에는 교양관 영사실에서 예배를 보기 시작하였다.

소장님 사모님도 영락교회 권사님이신데 예배 때는 여성교회 회원들까지 몰고 오셔서 직원들에게 점심을 제공하고 헌금도 두툼히 내주셨다. 교회 유명 목사님을 초빙하여 설교목사님으로 세워 주셨다. 근무시간에 직장에서 이렇게 특정 종교의 예배를 드려도 되는지 의문을 제기하는 간부도 있었다. 예배시간, 반 강제 동원에 거부감을 표시하는 직원들도 많았다. 나는 소장과 불만을 표시하는 직원들 사이에서, 해명하고, 변명하고, 조정자 역할을 잘 해내었다.

3년 반 공원 근무를 마치고 장기 근무자로 성동구청으로 발령이 났다. 공원에서 난리가 났다. 소장님은 인사발령을 취소하고자 백방으로 애를 쓰시고 소장님 사모님께서도 우시고, 신우회 회원들도 안타까워하며 울었다고 하였다. 어린이대공원 근무는 나에겐 큰 보람이었다.

2년 반 구로구청 총무과 근무를 마치고 서울시청으로 발령이 났다.

근무할 부서는 서울시의 심장 중의 심장이라 할 수 있는 기획관리실 기획담당관실이다. 북한산과 도봉산 포대 능선이 온통 단풍으로 붉게 불타고 있을 10월 말이었다. 방송과 신문은 연일 가을 단풍 관광 소식에 열을 올리고 있을 때 나는 부임하자마자 서울시 월동대책 수립에 착수해야 했다.

이때 서울시 신우회 회장은 류동주 심사분석담당관이셨다. 회장만 있었지 신우회 조직이 거의 와해된 상태에 있었다. 대규모 인사이동 탓이다. 서울시는 70여 개의 실과와 산하에 25개구 425개동, 종합건설본부 등 80여 개 사업소에 직원 수만 5만 명이 넘는 직원을 가진 방대한 조직이다. 이 방대한 조직도 1, 2년마다 대규모 인사이동을 실시하였다. 인사이동이 있을 때마다 신우회라는 조직의 임원들도 무더기로 기관 이동을 하게 되니 시청 신우회는 와해될 수밖에 없는 구조였다.

나는 정식으로 선출되지 않는 총무 역할을 수행하였다. 하나님 일을 하는데 무슨 일이든 맡아서 열심히 하면 되었지, 꼭 무슨 직함이 필요한 것은 아니었다. 이런 자세로 일하다 보니 총무직은 언제나 내 몫이 되었다. 나는 직함에 관계없이 신우회 업무를 주도해 나갔다.

매월 1회씩은 유명 목사님을 모시고 시청 안에서 신우회 예배를 드렸다. 매주 수요일에는 시청 인근 교회에 나가 점심시간 정오예배를 드렸다. 선교헌금을 모아서 선교사를 선정하여 선교비를 보내드리고, 이웃돕기 할 일이 생기면 신우회원들을 상대로 선금을 모아 도와 주었다. 시청을 떠나기 전 가장 애썼던 사업은 25개 구청과 규모가 큰 사업소를 포함하여 신우회연합회를 만드는 일이었다. 신우회 회원이 타 기관으로 전출되어 갈 때 서로 통보해 주어 인사이동으로 신우회 조직이 와해되거나, 회원이 신우회와 단절되는 상황을 막기 위함이었다. 연합회 정관을 만들고 임원까지 다 뽑아 놓고 나는 공무원교육원으로 발령을 받아 갔다. 그런데 유감스럽게도 당시 회장님과 후임 총무의 무관심으로 어렵게 만들어진 연합회가 제대로 작동하지 못한 것이다. 너무 아쉽고 잘못된 것이었다.

송파구청 신우회장으로 봉사할 때는 믿는 구청장님을 도와 교구협의회를 만들었다. 구청 내에 교구협의회 사무실과 기도실을 마련하고 월 1회씩 교구연합예배를 드렸다. 구청 간부들이 다 참석하는 조찬기도회를 주관하기도 했다. 관내 교회의 협조를 얻어 불우이웃돕기 사업도 활발히 펼쳤다.

정년을 몇 년 앞둔 시점에서 시청 소방방재본부 방재기획과 수습팀장으로 발령을 받아 정년까지 근무하였다. 남산골 직장선교회를 만들어 김동호 목사님을 모시고 매주 한 번씩 수요정오 직장예배를 드렸다. 높은 뜻 숭의교회 청어람예배실에서 예배를 드렸는데 대한적십자사 교통방송국 소방방재본부 숭의대학교 등 150여 명이 참여하였다. 봉사활동으로 노방전도, 노숙자 밥 퍼주기 행사에도 몇 번 참여하였다.

서울소방방재본부에 선교회를 정식으로 조직 창립시켰다. 이를 계기로 전국 소방청 직장선교회를 창립시켰다. 군대는 물론 우리나라 경찰청에는 교경협의회가 조직되어 있었는데 그때까지 대한민국 소방청에는 직장 신우회가 없었다. 공직 말년을 이토록 보람되고 아름답게 끝낼 수가 있었다. 나를 말년에 서울소방방재본부로 보내주신 분도 하나님이시고, 공직을 끝마치는 마당에 아름답게 공직을 마무리할 수 있도록 도와 주신분도 하나님이시다. 이 모든 것 하나님 은혜요 사랑이었다.

고린도전서 15장 4절에서 사도 바울은 "나는 달려갈 길을 다했으니 이제 하나님 앞에 상 받을 일만 남았다"고 말씀하시고 있다. 그리스도인으로서 복음 전도에 최선을 다하였다는 자부심일 것이다. 너무나도 존경스럽고 부럽다. 나는 지금까지 우리 가문 복음화에 기여하였고 직장에서는 선교활동에 열심히 참여하였노라 자화자찬을 늘어놓았지만 바울 사도와 비교할 때 천분의 1도 못 미치는 부끄럽기 짝이 없는 실적임을 자백한다. 하나님 앞에 섰을 때 무슨 낯으로 하나님을 뵈올지 걱정이 태산이다. 그럼에도 예수님은 사랑이시니 천국 문에 들어갈 때 들어 보내주실 것으로 믿는다.

홍련

홍련(紅蓮)은 명월관 기생이었다. 홍련의 시체 일부를 현재 한국국립과학수사연구원이 보관중이며 그녀의 초상화는 일본 나가노현 미쓰모토시 시립미술관에 보관중이라는 인터넷 기사를 읽고 아래와 같이 3수의 시조 시를 지었다.

> 경성의 고관대작 애태우던 명월이여/ 네 몸은 어찌하고 허상으로 거기 있나/ 야만의 하늘아래서 한 숨 짓는 홍련화/ 모시 적삼 옥색 치마 보일 듯 고운 몸매/ 어여쁘고 슬픈 얼굴 여전히 명월이다/ 네 얼굴 마주 대하니 내 심장 마구 뛰는구나./ 어둡고 슬픈 역사 떨치고 일어나서/ 대한의 예쁜 딸로 조국 품에 돌아오라/ 올해의 광복절 날엔 얼싸안고 춤을 추자
>
> ―송태남, 「홍련화」(『별은 빛나고』)

금년 칠월 여름날 처외사촌 동서와 양수리에 있는 세미원에 연꽃 촬영차 다녀왔다. 그리고 붉은 연꽃 즉 홍련을 소재로 시 창작을 위하여 인터넷 검색을 하다가 뜻밖에 홍련이란 이름을 가진 기생의 놀라운 사건 기사를 읽게 되었다.

나는 평소 시조 공부를 하면서 황진이 같은 조선 기생들의 기예 실력

과 논개 같은 기생의 애국심과 절개에 놀라움과 경외심마저 가지고 있었다. 홍련이란 이름을 가진 기생도 분명히 의기(義妓) 즉 의로운 기생으로 나와 있는데 언제 어떤 의로운 일을 했는지 찾지 못하고 궁금해하고 있던 참이었다.

명월관은 조선 궁내부 주임관으로 궁중요리를 맡았던 안순환이 서울 종로(지금 동아일보 사옥 자리) 2층 양옥집에 1909년 간판을 내걸었고, 1918년 대형화재로 소실될 때까지 한성 제일의 요릿집과 기생집으로 운영되었다고 한다. 명월관을 개업한 같은 해에 관기제도가 폐지되면서 궁중기녀들이 대거 명월관으로 옮겨왔고 당시 고관대작이나 유명 인사들이 명월관으로 모여들었다고 한다. 기생집에서 제일 예쁘고 기예에 빼어난 기생을 명월(明月)이라 부르는데 명월관 명월이가 홍련이었다고 한다.

명월관에 드나들던 유명 인사 중 일본의 유명화가 이시이 하쿠테가 있었다. 이시이는 우리나라 이중섭 화백의 스승으로 알려져 있다. 이시이는 홍련과 사랑에 빠졌고 홍련과의 사랑놀이에 안달이 나있었다. 이시이는 홍련을 앞에 앉혀 놓고 그녀의 초상화를 그렸다. 이때 그린 초상화가 지금 마쓰모토 시립미술관에 있는 것이다. 인터넷에 떠있는 초상화의 모습은 지적이고 예뻐 보이기는 하지만 행복하고 기뻐 보이지는 않았다. 오히려 슬퍼 보였고 처연하기까지 하였다. 그녀도 나라 잃은 백성인데 나라를 빼앗아간 일본놈이 좋아한다 하여 기뻐할 리 없었을 것이다.

홍련은 30대의 꽃다운 나이에 죽었다. 그녀가 죽자 당시 일제는 그녀의 성기를 도려내어 연구용 표본으로 만들어서 포르마린 병에 넣어 보관하였다고 한다. 현재 우리나라 국립과학수사연구원 지하 부검실에 보관하고 있다는 것이다. 일제는 그녀와 잠자리를 같이했던 고관대작 여러 사람이 죽어나가자 그녀의 성기에 원인이 있다고 보고, 그 원인을 연구한다며 사람으로서는 차마 못할 짓을 한 것이다.

문화재 제자리 찾기 사무총장 혜문 스님은 성적 쾌락 및 호기심으로 만들어진 여성 생식기 표본을 현재 우리나라 국과수가 보관하고 있다는 것은 인간의 존엄성에 반한다 하여 국가를 상대로 서울중앙지법에 '여성 생식기 표본 보관 중지 청구소'를 제기하여 승소했다는 것이다. 인터넷에는 혜문 스님이 한국 국과수와 마쓰모토시 시립 미술관을 방문하여 인체 표본과 초상화를 살펴본 감회를 사진과 함께 생생하게 설명하고 있다.

나는 이 인터넷 기사를 읽고 일제의 만행에 치를 떨었다. 나라를 빼앗긴 민족의 슬픔과 치욕이 얼마나 참혹한가를 뼈저리게 느낄 수 있었다. 자기의 미모에 빠져서 초상화를 그리며 함께 놀자며 안달이 나있는 이시이를 홍련은 허망한 눈빛으로 바라보고 있었다.

나는 기생 홍련과 관련된 기사를 다 읽고, 홍련화(紅蓮畵)라 시제(詩題)를 붙여 앞의 시조를 완성하였다. 특히 셋째 수 중장과 종장을 "대한의 예쁜 딸로 조국 품에 돌아오라!"와 "올해의 광복절 날엔 얼싸안고 춤을 추자"로 마무리해 놓고, 스스로 감정이 복받쳐 올라 울음을 참으려 애썼던 기억이 난다.

술

오늘 저녁 직원 회식이 있다는 소식에 벌써 사무실은 활기가 넘친다. 그러나 회식 자리는 술을 즐겨 먹지 않는 나에게는 고역의 자리이다. 도대체, 술은 처음 누가 어떻게 만들었을까? 왜? 사람들은 그토록 술을 좋아하는 것일까? 술은 사람이 어떻게 먹는가에 따라 좋은 음식이기도 하지만 해로운 측면이 많은 나쁜 음식이라는 것이 나의 생각이다.

술은 곡물이나 과일 등을 발효시켜 만든 음료수로써 에틸알코올을 포함하고 있어 마시면 취하는 음료를 말한다. 사람들은 대략 BC3000년경 신화시대, 인류 역사의 시작과 함께 술을 만들어 마셨던 것 같다. 성경 창세기 9장에는 노아가 농사를 처음 시작하면서 포도나무를 심어 술을 만들어 마시고 취하였다는 기록이 있다. 이집트 신화에는 오시리스 신이 맥주를 처음 만들었고, 그리스 및 로마신화에는 디오니소스와 바쿠스 신이 포도주를 처음 만든 신으로 등장한다.

술은 모든 음식 중에 가장 중요시 되는 으뜸 음식이다. 동서양을 막론하고 신이나 조상에게 제사를 지낼 때 제사상에 술이 반드시 올라가고, 신에게 술잔을 올리는 것부터 제사가 시작된다. 국가의 중요 만찬이나 공식적인 모임에서도 다른 음식 먹기에 앞서 술 건배부터 시작한다.

오늘 저녁 우리 직장 회식도 술 건배로부터 시작되었다. 예약된 음식점에 직원들이 도착하여 자리에 앉자마자 술잔이 돌려졌다. 술안주와 밥반찬은 이미 깔끔하게 상 위에 차려졌다. 서무주임이 내 앞에 소주잔을 놓고 술을 따르면서 회식이 시작됨을 선언한다.

"과장님! 잔 받으시고, 건배 제의 한 말씀 해주시지요!"

교회 다니는 팀장이 나에게 술 따르는 것을 말리신다.

"박 주임! 과장님 술 못 드시지 않아! 사이다로 따라 드리지!"

또 다른 팀장이 늘 그랬던 것처럼 오늘도 한마디 거들고 나선다.

"성경에 술 먹지 말라는 말 없지 않아요? 아, 이럴 때는 과장님이 한잔 하셔야지!"

회식의 분위기상 좌장으로서 한 마디 안 할 수도 없다. 사이다로 따라 부은 잔을 들어 건배를 한 후 나의 금주 사유를 설명했다.

"그래, 허 팀장 말처럼 성경에는 술을 먹지 말라는 엄격한 명령보다는 술 취하지 말라는 말씀이 많지. 예수님도 친척 혼인잔치에 참석하셨다가 술이 떨어지자 물로 술을 만드는 첫 기적을 나타내셨지. 내가 술을 안 먹는 것은 꼭 성경 말씀에 술 먹지 말라는 말씀이 있어서만도 아니고…."

이런 식의 내 술 안 먹는 변명은 오늘뿐만 아니라 회식 때마다 반복되었다. 내가 참석하는 모든 회식에는 예외 없이 성경 술 이야기로부터 대화가 시작되고, 나의 술자리 고통도 시작되는 것이다. 특히 내가 송파구의 여러 동장으로 근무하던 때가 가장 고통스러운 시간들이었다. 매달 10여 개 이상의 단체 회의와 회식에 회의 주재자나 주빈으로 참석해야 하고, 주민과의 대화가 일상 업무인 동장은 회식하고 술 마시는 것이 동장의 중요한 업무 중의 하나였다. 마천동 어느 주민단체는 모 동장이 주민과 자주 어울려 술을 먹지 않는다며 항의성 진정을 내기도 했다.

술은 잘만 마시면 참으로 좋은 음식이다. 술 속의 알코올은 영양가는 없고 열량만 높다. 밥 한 공기의 열량이 300kcal인데 소주 360ml 한 병의 열량은 630kcal이다. 특히 알코올은 체내에서 빠르게 흡수되고 분해 되어서 열을 발산한다. 그래서 몸에 힘이 없을 때 술을 마시면 빨리 힘이 난다. 사실 노동하시는 분들이 일하면서 땀이 나고, 목마르고 지칠 때, 막걸리 한 잔이나 맥주 한 잔은 얼마나 시원하고 좋은가! 하루에 소주 한두 잔 정도는 사람의 건강에 좋다는 의학 연구 결과도 있다. 또 친구나 직장 동료, 직장 상사와 부하가 함께 술잔을 주고받으면서 정보도 교환하고 정담을 나누는 것은 사람이 사회생활을 하고 직장생활을 하는 데 지극히 필요하고 좋은 것이라 할 수 있다.

술이 좋은 것은 술 마시는 사람의 주량에 따라 적당히 마셨을 때에 좋은 것이지 과음했을 때는 아니다. 메틸알코올은 사람의 중추신경에 영향을 미쳐 근육조절과 판단을 흐리게 하여 개인 건강을 해치고 사고를 일으키게 한다. 보건복지부는 음주로 인한 사건 사고의 사회 경제적 손실 비용을 연간 20조 990억 원으로 추산하고 있다.

나의 금주 사유는 나 개인의 신앙생활이나 건강을 해친다거나 음주로 인한 막대한 사회경제적 비용이 소모된다는 합리적 이유보다는 나의 주변에서 과음으로 인한 수많은 구체적 피해사례를 보아 왔기 때문이다. 음주로 인한 교통사고로 죽어서 한 가정을 평생 고통 속에 몰아넣는 사람, 술로 인하여 직장에서 쫓겨난 사람, 술주정 때문에 평소 점잖으신 분이 망신당하는 장면, 나이 많아서도 술 중독 때문에 가족이나 친구들로부터 따돌림 받는 사람 등 술로 인하여 패가망신한 사람들을 너무 많이 보아 왔다. 각종 모임에서도 과음으로 목소리 큰 한두 사람 때문에 모임을 정상적으로 운영할 수가 없다는 사례는 우리가 모임에 참석할 때마다 느끼는 사실이다. 공직자가 술좌석에서 술김에 국가 비밀을 누설하여 온 나라를 발칵 뒤집어 놓고, 폭력이나 성추행 등 추태를 부려 언론에 오르내리는 사례도 많이 보아 왔다.

술은 적당히 마시면 건강과 사교에도 좋고, 좋은 점이 많지만, 우리 사회의 음주문화는 술을 잘 먹기란 참으로 어렵다는 것을 나의 오랜 직장생활을 통하여 얻은 결론이다. 결과적으로 술을 적당히 잘 먹을 수 없기 때문에 술의 막대한 해악을 막을 수는 없고, 술은 사람을 아주 망치게 하는 매우 나쁜 음식이라는 것이다. 그러므로 술을 과감히 끊어야 한다는 것이 나의 신념이고, 나는 20여 년 전에 그렇게 술을 끊었다.

자원입대

내가 고등학교를 졸업하던 해에 이른바 1·21사태가 터졌다. 북한 무장공비 31명이 청와대 습격을 위해 서울로 침입해 온 것이다. 청와대 뒷산에서 미리 발각되어 총격전이 벌어졌으며 김신조는 생포되고 28명은 사살되었다. 박정희 군사정부 하에서 온 나라는 발칵 뒤집혔고 전쟁 분위기 속으로 치달았다. 그 해 3월 초에 지원병 모집이 있었고 4월 1일에 향토 예비군이 창설되었다.

나는 서울에서 고등학교 졸업장을 받아들자마자 대학 진학을 포기하고 군에 입대하기로 마음먹었다. 고향에 내려와 중학교 동창 세 명과 함께 즉각 군 입대 지원서를 제출했다. 고등학교 3학년 때 이미 군 입대 영장을 받고 있었으므로 국가가 위기에 처해 있는데 군 입대를 망설일 이유가 전혀 없었다.

지원병 집결장소에 도착해 보니 이미 수많은 장정들이 학교 운동장을 꽉 매우고 있었다. 학교 가까이에 붙어 있는 기차역에는 지원병을 싣고 갈 군용열차가 대기하고 있었다. 금방 이북과 한판 붙을 전쟁 분위기인데도 지원병들이 구름 떼처럼 몰려들고 있었다.

흙먼지 속에 바람은 불고 장정들은 꾸역꾸역 모여들고 운동장은 엉망진창이었다. 지원서류와 장정을 대조 심사하는 사무소에 접근하기

조차 힘든 북새통 속에서 우리들은 어찌 할 바를 모르고 있었다. 이렇게 무질서 속에 시간이 조금 흘러가더니 오늘 입대할 장정이 다 선정되었다는 소식이 들려왔다. 열차 가까이 가보니 팔뚝에 무슨 스탬프 도장이 찍힌 장정들이 줄을 서서 기차에 오르고 있었다.

우리는 급히 사무소로 찾아가서 지원서 반환을 요구하였다. 사무소 직원은 지원서는 선정 작업이 끝나 운동장에 뿌려 버렸고, 돌려 줄 수 없다는 어이없는 답변을 했다. 지금 상식으로는 도저히 이해할 수 없는 일이었지만 그때는 그런 것 따져 봐야 통하지 않는 시절이었다.

운동장을 둘러보니 정말 원서 뭉치들이 운동장 여기저기에 흩어져 바람에 굴러다니거나 장정들의 발길에 밟히고 있었다. 날씨는 잔뜩 찌푸리고 해질녘에는 비도 내릴 기세였다. 우리는 혹시나 하여 땅에 떨어진 원서 뭉치들을 발로 툭툭 차고 다녔는데 놀랍게도 우리 세 사람의 원서가 나란히 접혀져 있는 채로 우리 눈에 발견되었다. 원서를 집어 들고, 세 사람은 상의 끝에 일단 군용열차를 타기로 했다.

우리는 감시원의 눈을 피하여 철조망을 넘어 군용열차에 숨어 탔다. 군용열차가 논산까지 가는 동안 우리는 열차 내에서 이리 쫓기고 저리 쫓기면서 수송관을 접촉하려고 애를 썼다. 우리 세 사람 중에 서울에서 사회생활을 일찍 하여 소위 뇌물 같은 것을 주면서 사람을 잘 다루는 친구가 있었다. 그 친구의 수완으로 우리는 열차 안에서 수송관에게 접근할 수 있었고, 입대자 명단 맨끝에 우리 세 사람의 이름을 올리는 데 성공할 수 이었다. 그 친구가 수송관에게 얼마만큼의 뇌물 또는 사례비(?)를 주었을 것이지만 어떤 돈으로 얼마를 주었는지는 기억에 없고, 우리는 논산 훈련소에 명단과 함께 인계됨으로써 일단 입대 조치는 끝난 것이었다.

훈련소에서는 입대 장정들에 대하여 신체검사를 하였다. 내 가슴의

X-ray 검사에 결핵성 늑막염을 앓은 흔적이 나왔다. 고등학교 3학년 때 결핵성 늑막염이 발견되어 6개월간 치료를 받았고, 그때는 거의 완치된 상태였다. 지금도 가슴 X-ray를 찍으면 흔적이 나온다. 군의관은 내게 혹시 군대에 입대하고 싶지 않는 마음이 있는지를 물었지만 나는 단호히 군에 입대하겠노라고 답변하였다.

군 제대 후에 보니 상당히 많은 친구들이 이런저런 이유로 군에 입대하지 않고 보충역 등으로 빠진 사람들이 많음을 알 수 있었다. 그들은 내가 군에 있는 동안 직장에 취직하거나 사업을 시작하여 꽤 기반을 닦고 있었다. 사회생활에 나보다 앞서가는 것처럼 보였다. 군에 간 것이 손해라는 느낌이 들기도 했다. 그러나 결코 후회하지는 않았다. 대한민국의 사나이로 태어나서 손해 본다고 신성한 국방의 의무를 회피할 수는 없는 것이었다.

생각해 보면 나는 전쟁이 터진다는데 뇌물 주면서 군대에 간 사람이었다.

나라 사랑

한반도에서 전면전이 벌어진다면 총력전이 될 것이다. 총력전이란 국가의 군사력뿐만 아니라 경제력이나 기술력까지 한 국가가 가지는 모든 역량을 총동원하여 치르는 전쟁을 말한다. 영국의 왕립 국방연구소는 총력전의 개념에 입각하여 대한민국의 국방력을 2008년 현재, 세계 150개 국가 중 6위의 군사강국으로 평가하였다.

그럼에도 불구하고 유명 정치인이나 연예인 체육인 등 사회 지도층 인사의 병역 기피가 언론의 비판도마에 오를 때마다 우리 국가의 안보에 대하여 지나치게 걱정하는 분들이 많은 것을 볼 수 있다. 심지어 우리나라에서 전쟁이 터지면 사회 지도층이나 지도층 자녀들은 모두 외국으로 도망갈 것이라고 말하는 사람들도 있었다.

1940년대 중동전에서 이스라엘보다 몇십 배 국력을 가진 아랍 국가들은 아주 작은 나라 이스라엘에게 네 번이나 무참히 패배를 당하였다. 국방력 경제력 등 전체 국력이 강하다 하여 꼭 전쟁에 이기는 것은 아니라는 것이다. 나라가 위급할 때 자기 목숨을 초개(草芥)처럼 버리고 나라를 지키겠다는 투철한 애국심과 용기를 가진 국민이 있을 때 그 국가가 지켜지는 것이다.

우리나라 정부도 총력전에 대비하여 충무계획이란 이름으로 아주

세밀한 부분까지 매년 전시 대비계획을 수립하여 운용하여 오고 있다. 매년 8월에 실시하는 을지훈련은 충무계획을 실제 적용했을 때 그 적합성과 문제점을 찾아 보완하려는 훈련인 것이다. 오래 동안 전시대비계획과 훈련에 참여해 온 나는 우리나라 안보에 대하여 지나치게 걱정하시는 분들에게 내가 군에 입대하면서 겪었던 경험, 그리고 세계 열강 가운데 위치한 우리나라가 반만년이란 역사를 지켜온 저력에 비추어 볼 때 안심해도 좋다고 말해 주곤 했다.

작년에 서해에서 일어난 대청해전, 금년의 북한 도발로 발생한 천안함 침몰 사건과 연평도 포격 사건으로 우리 국민의 분노는 극에 달해 있었다. 온 국민과 언론은 북의 도발에 대하여 좀 더 강력한 대응을 촉구하고 있다. 전면전이라도 버릴 기세다. 이에 대한 대응으로 우리 군은 항공모함이 참가하는 한미연합 해상훈련을 실시하고, 연이어 연평도 해상 포격 훈련과 동해 육해공군 합동훈련을 실시하였다. 온 나라가 전쟁 분위기다. 외국 언론이 전면전으로 확대되지 않을까 더 우려하고 있는 분위기다.

임진왜란처럼 우리나라가 외적으로부터 침입을 당했을 때 우리나라를 결정적으로 구해낸 것은 의병이었다. 일제에 의해 나라를 잃었을 때도 수많은 사람들이 만주 벌판으로 가서 독립운동을 하였다. 시베리아 벌판으로 가서 추위와 배고픔에 떨면서 싸웠다. 고국의 부모 형제 처자식 다 버리고 36년 동안이나 조국의 독립을 위해 싸웠다. 모두 다 민족의 지도층 인사는 아니었다. 평범한 백성들이 대다수였다. 우리가 세계열강 속에서 5천년 역사를 지켜 온 것은 다 이유가 있었다. 우리 한민족의 핏속에는 나라를 사랑하는 마음과 용기가 도도히 흐리고 있는 것이다. 나라에 위기가 닥칠 때는 직업과 사회적 지위 고하를 막론하고 핏속에 흐르고 있는 애국심이 발현되는 것이다.

따라서 오늘날 우리 젊은이들의 애국심을 조금도 의심할 필요가 없다는 것이 나의 지론이다. 지난번 연평해전 대청해전에서 빗발처럼 쏟아지는 총탄 속에서도 두려움 없이 얼마나 용감히 싸우지 않았는가! 천안함 사건에서 한주호 준위는 계급이 준위에 불과하지만 목숨을 버려서까지 나라를 위해 자기 임무를 수행했다.

전쟁 분위기 속에서 구름 떼처럼 몰려든 지원병이 있었고, 나처럼 뇌물 쓰고 군에 간 사람도 있었다. 자랑스러운 우리 한민족의 핏속에는 나라를 사랑하는 뜨거운 애국심과 한 목숨 기꺼이 받쳐 국가를 지키겠다는 용기가 도도히 흘러내려오고 있으므로 우리나라 안보에 대하여 지나치게 걱정하지 않아도 좋다는 것이 나의 생각이다.

노년

내게는 비교적 오랫동안 사셨던 부모님이 계셨고, 매일매일 내 건강을 위하여 빌어 주는 믿음이 좋은 아내가 살아 있어 내 노년(老年)은 행복하다. 넓은 세상 다양한 민족과 어울려 당당히 살아가고 있는 미국 큰 딸이 자랑스럽고, 둘째딸 은영이는 멋진 신랑을 만나 시집 식구들 사랑을 받아 가며 신혼살이 잘 하고 있다니 내 마음이 평안하다. 이제 두 딸 걱정은 안 해도 좋을 것 같다.

노년에 집사람과 단 둘이 거처할 집도 서울 도심을 피하여 공기도 좋고 교통도 좋은 전철역 가까운 장소에 마련하였다. 집 옆에는 바로 등산로가 있어서 좋고, 물오리며 잉어 떼까지 노니는 개천까지 있으니 더 바랄 것이 없는 것 같다.

전화 한 통화면 얼른 달려와서 함께 오찬을 즐기며 경치 좋은 카페에 앉아 에스프레소나 아메리카노며 다소 이름이 생소한 카푸치노 같은 커피를 골라 마시며 담소를 나눌 수 있는 친구들이 집 가까이 있어 좋다. 내게는 아직 이런 좋은 친구들이 20여 명쯤 된다는 것 자랑하고 싶다.

평생을 공직에서 봉사하다가 정년을 맞아 명예롭게 퇴직했다. 그때 함께 근무했던 동료나 후배들이 좋은 일 있으면 초청해 주어 고맙고 몇 명은 주기적으로 만나 등산도 가고 내가 좋아하는 음악회도 간다.

거미줄처럼 뻗어 있는 전철은 우리 같은 노인은 다 무료다. 지역별로 노인 여가시설을 잘 갖추어 놓고 지자체마다 서로 경쟁적으로 대접한다.

가까운 친구의 권유로 구청에서 운영하는 문학 강좌에 나가서 시도 쓰고 수필쓰기도 공부하였다. 감칠맛 나는 시는 아니지만 그래도 시집을 한 권 내고 문인협회도 등록을 했다. 교양 있고 점잖은 문우들과 서로 교류할 수 있어서 행복하다. 여러 잡지사와 문학회로부터 원고 청탁도 들어오고, 한 달에 몇 권의 시집이 새로 시집을 낸 시인들로부터 보내져온다. 나를 시인이라 부르며 문인으로 대접해 주니 그것도 노년의 한 즐거움이 되었다.

어느 정도 건강만 확보된다면 노년의 생활이 그리 나쁘지만은 않은 것 같다. 연년이 건강검진 하시라 국가(국민의료보험공단)가 나서서 검진 표를 보내주고 암 치료나 치매는 물론 노인 요양까지 아예 국가가 책임지겠단다. 우리는 참 좋은 시대 좋은 나라에 살고 있다.

레미제라블

교회 목사님은 설교시간에 영화 〈레미제라블(Les Miserables)〉을 소개하시면서 우리 교인 모두 관람토록 권유하셨다. 목사님 말씀에 순종하여 큰딸과 부인 세 사람이 분당 오리역 CGV를 찾았다. 고교 시절 소설책 장발장은 읽었지만 영화로 관람하는 것은 이번이 처음이다.

특별히 이번 영화는 뮤지컬 영화다. 우리 식구 모두 뮤지컬 영화를 좋아하므로 큰 기대를 가지고 영화관에 입실하였다. 목사님은 장발장 같은 죄수도 무슨 법이나 처벌이 아니라 미리엘 신부처럼 사랑과 애정을 가지고 인간적으로 대하였을 때 나쁜 사람도 옳은 사람으로 변화될 수 있는 것이며, 이것이 곧 기독교 정신이라고 말씀하시고 싶었을 것이다.

빅토르 위고의 소설 「레미제라블」을 기반으로 여러 가지 버전의 소설, 영화, 뮤지컬, 뮤지컬 영화가 제작되어 대부분 큰 성공을 거두었다고 한다. 이번 뮤지컬 영화도 영국의 매킨토시 프로덕션이 제작하여 크게 성공을 거두고 있는 것 같다고 한다. 이번 영화의 감독은 톰 후퍼, 배우는 장발장 역에 휴 잭맨, 판틴 역에 앤 해서웨이, 자베르 경감 역에 러셀 크로우, 코제트 역에 아만다 사이프리드 등이다. 배우는 전문 뮤지컬 가수이자 배우들이라고 프로그램에 소개되어 있다.

이 영화는 1830년 프랑스 7월 혁명과 1848년 2월 혁명 사이 1832년 민중봉기 사건이 시대적 배경이며, 툴롱 감옥 몽트뢰유쉬르메르 파리 등이 장소적인 배경이다. 이 영화가 다루고 있는 주제는 피끓는 혁명 정신이며, 가난한 노동자와 농민들의 거친 저항정신, 그리고 가난한 사람들에 대한 인간애를 다루고 있다고 한다.

노래는 영어로 불러졌고, 우리말로 자막 처리가 되었다. 줄거리야 소설로 읽고, 출연진 및 주제 같은 것도 미리 공부를 하였지만, 귀로는 음악을 듣고 눈으로는 배우들의 연기를 봐야 하고, 노랫말은 자막을 읽어야 하니 진행을 따라 가기가 무척 힘들었다. 그래도 소설이나 영화보다 뮤지컬 영화로 보니 감정 표현이 훨씬 직설적이며 강렬하여 느낌과 울림이 큰 것 같았다.

총 상영시간 158분 중 두 시간 가까이 갔을 때부터 장발장과 판틴 코제트 등의 안타깝고 처절한 노래들이 계속하여 귀청을 두드리니, 목이 메여오고 눈물이 쏟아질 것 같아 참기가 매우 어려웠다. 옆 좌석 집사람도 딸도 흐르는 눈물을 참느라 애쓰는 것 같았다.

나는 평생을 서울시의 직업 공무원으로 일하여왔다. 내가 담당한 일뿐만 아니라 지방자치단체가 하는 대부분의 일들이 주민들의 일상생활을 보호하는 일들이기 때문에 시민의 삶과 아주 밀착되어 있다. 그렇다면 우리 사회에서 나의 평생 공직자의 역할이 지금 이 영화에서 자베르 경감의 역할과 같았음이 틀림없다. 법이란 여러 사람이 함께 살아가는 공동사회를 위하여 꼭 필요한 것이다. 이 법을 위반하는 자는 철저히 처벌받는 것이 마땅하다. 이 법과 이 법이 지키고자 하는 사회의 수호자가 곧 경찰관으로 대변되는 공직자이며, 철저한 법 집행은 공직자의 임무라는 것이다. 자베르 경감은 이러한 법 집행자로서 경찰의 임무를 충실히 이행한 사람이었다.

그러나 인간사회 속에서 불완전한 인간이 조금도 법을 어기지 않고 완전하게 살아갈 수는 없는 것이며, 과도하게 처벌 위주의 법 집행은 잘못되었다고 이 영화는 말하고 있는 것이다. 완전하지 않는 인간으로서 한계를 인정하고, 약자와 가난한 사람들에 대한 배려와 사랑이 필요하다는 것이다. 자베르는 약자에 대한 배려와 사랑이 전혀 없는 경찰관으로 그려졌다.

'나는 과연 서울시의 행정을 수행하면서 가난하고 약한 시민에 대하여 배려를 하고 사랑을 베풀었는가? 사랑과 배려 없이 자베르 경감같이 내 임무에만 충실했던 사람이 아니었을까!' 하는 생각이 계속하여 내 머릿속을 따라오고 있었다. 34년의 지난날, 나의 공직생활들이 내 머리 속을 빠르게 스쳐 지나갔다.

서울 관악구 상도동에 근무할 때 무허가 건물 철거에 동원되었던 일, 세금 체납정리 기간에 소액 체납자 집에 들어가 TV 냉장고 등 그 집 가구들에 빨간 압류 딱지를 인정사정없이 붙였던 일, 어린이대공원 근무시절 잡상인들을 무자비하게 단속했던 일, 다행스러운 것은 앞에 열거한 사례는 나의 본연의 담당 업무가 아닌 다른 직원의 업무를 일시적으로 보조하는 과정에서 경험한 것뿐이라는 것이다. 나는 시민과 직접 대면하거나 부딪치는 일은 거의 담당하지 않았고, 조직관리나 기획부서에서 주로 근무하였다. 그래서 자베르 경감처럼 시민을 무자비하고 끈질기게 괴롭히는 일은 하지 않았으며, 이 점을 다행으로 여기고 하나님께 감사드린다.

음악은 계속되고 영화 줄거리는 종착역을 향하여 달려가고 있었다. 앤 해서웨이의 노래 〈I Dreamed A Dream〉이 애잔하게 불린다. 그리고 마리우스가 무사히 돌아오기를 갈구하는 장발장의 중보기도 〈Bring Him Home〉도 너무 간절하고 안타깝고 애달팠다.

하나님이 계신다면 왜 이렇게 힘든 세상을 창조하셨는지! 하나님을 원망하면서도 하나님만이 이 흐트러지고 모순으로 가득 찬 세상을 구할 수밖에 없고, 하나님 앞에 나아가 간구할 수밖에 없는 우리 인간의 처지를 노래했다. 내 가슴속에서도 회한과 서러움이 북받쳐올라 참을 수가 없었다.

드디어 영화는 종착점에 다다랐다. 군화 발자국 소리가 힘차게 들려오고 합창곡이 들려왔다. 지금까지의 노래가 원망하고 분노하며 절망하는 내용과 곡조였다면 〈Do You Hear The People Sing〉의 합창곡은 답답함을 확 밀쳐내고 힘차게 앞을 향하여 나아가는 환희의 승전가와도 같았다.

> 너는 듣고 있는가! 분노한 민중의 노래, 다시는 노예처럼 살수 없다 외치는 소리. 심장 박동 요동 처 북소리 되어 울릴 때, 내일이 열려 밝은 아침이 오리라. 모두 함께 싸우자 누가 나와 함께하나, 저 넘어 장벽 지나서 오래 누릴 세상. 자, 우리와 싸우자 자유가 기다린다.
>
> 너는 듣고 있는가! 분노한 민중의 노래, 다시는 노예처럼 살수 없다 외치는 소리. 심장 박동 요동 처 북소리 되어 울릴 때, 내일이 열려 밝은 아침이 오리라. 너의 생명 바쳐서 깃발 세워 전진하라, 살아도 죽어도 앞을 향해 전진하라. 저 순교의 피로써 조국을 물들이라!

힘찬 합창곡 소리가 영화관을 나와서도 오래오래 들려왔다. 장발장 판틴 코제트 떼나르디 자베르 그리고 감옥에 가친 죄수들, 공장 노동자 창녀촌 사람들, 혁명 가담 희생자들, 모두 불쌍한 사람들이었다. 이 세상은 불쌍한 사람들로 가득 찬 세계였다. 집에 와서도 불쌍한 사람들의 울부짖는 노래 소리가 오래도록 들려왔다.

아름다운 열정

송파구청에 근무하던 때 회식 집으로 자주 찾던 음식집이 있었다. 석촌동에 '버드나무 집'이라는 상호를 가진 오리고기 집이다. 그 음식집의 사장은 50대가 넘는 중년 아저씨였다. 그분은 손님이 다 자리를 잡고 앉으면 주문을 받으러 오는데 주문받는 태도가 아주 대단했다. 손님의 나이가 많든 적든 가리지 않고 무릎을 꿇고 머리가 마루에 닿도록 고개를 숙여 "찾아주셔서 감사합니다." 하고 겸손히 인사를 한다. 손님을 정말 왕으로 대접하였다. 그 집은 늘 손님이 많았다. 사장의 말씨와 얼굴에서도 진지성이 엿보였다. 사업을 하는 열정이 배어났다.

1980년 연말 망년회 술집이었다. 내 자리에 배치된 접대 여성은 결코 예쁘다고는 할 수 없는 아가씨였다. 그런데 그녀의 행동은 다른 접대부들과는 전혀 달랐다. 다른 접대부들처럼 주인에게 매상을 올려주려고 안주를 막 먹어치우거나 술을 퍼마시지 않았다. 손님에게 성적 자극을 주기 위하여 나신을 드러내보이거나 교태를 부리지 않았다. 내가 음식을 먹기 좋도록 젓가락을 가지런히 정리해 놓고 수시로 내 앞 상을 깨끗이 닦았다. 진심으로 손님을 접대하는 것 같았다. 비로소 내가 손님으로 접대를 받고 있다는 느낌이 들었다. 나중에 들은 이야기는 그녀는 그 집에서 최고로 대접을 받으며 일하는 인기 여성이었다고 했다. 그녀는 직업인으로서 최선을 다하고 당당해 보였다. 30년이 지난 지금도 그녀의 모습은 생생하다.

함박눈이 많이 내리던 겨울 밤, 그때 우리는 강남역 부근에서 일차 회식을 마치고 이차를 하기 위하여 찾아 들어간 극장식 술집이 있었다. 무대에서 춤추는 여인은 비지땀을 뻘뻘 흘리면서 열정을 다해 춤을 추었다. 춤을 끝마치자 그녀는 좌석의 손님들을 향하여 당당하고 환한 얼굴로 손을 흔들며 인사를 했다. 휘황찬란한 불빛 아래 유난히 희고 풍만한 그녀의 나신은 성적 감흥을 일으키기보다는 나에게는 사랑스러운 누이처럼 느껴졌다. 최선을 다하는 그녀의 모습은 전혀 추하지 않았다.

올해 광복절은 65주년 이라한다. 세계 7번째 경제대국이라 한다. 참으로 자랑스럽고 감계무량하다. 잃어버린 조국을 되찾기 위하여 가족을 버리고 만주벌판 이국에서 추위에 떨고 배고픔에 시달리면서 독립투쟁을 벌였던 선열들의 조국애와 거룩한 열정 앞에 고개를 숙인다.

고등학교 때 우리 집은 4·19묘 가까운 곳에 있었다. 한일회담 반대 데모를 하고, 데모에 참가하는 학생들의 진지하지 못한 태도에 실망한 나는 4·19 묘비 앞에 참배하고 잘못을 빌었다. 목숨을 버리면서까지 불의에 항거한 그들의 열정 앞에 나는 한없이 나약하고 작아 보임을 느꼈다.

조선 말기 한국에 선교사로 와서 정동제일교회와 배재학당을 세우고 17년 간 전국 방방곳곳으로 선교여행을 하다가 끝내는 군산 앞바다에서 순교한 아펜젤러는 불과 27세의 어린 나이로 한국에 왔다. 결혼과 동시에 아펜젤러와 동행했던 부인은 서울에 들어올 수 없어서 일본으로 되돌아갔다가 2개 월 후 다시 한국으로 입국하였다. 우리나라가 당시는 그렇게 무서웠다. 죽음을 각오하지 않고는 올 수 없는 곳이었다.

한국에 최초의 의료 선교사로 와서 제중원 2대 원장을 지내고, 각종 전염병과 싸우다가 한국에 온 지 5년 만에 34세의 젊은 나이로 순교한 헨렌 역시 29세의 젊은 나이에 미지의 나라 한국에 왔다.

연세대학교를 설립한 미국 북 장로교 선교사 언더우드는 26세의 총각으로 우리나라에 와서 일생을 우리나라 선교와 교육 사업을 위해 몸 바쳤다.

누가 이들을 한국에 보냈을까! 어떻게 이국의 젊은이들이 미지의 땅 한국 백성을 사랑하게 만들었을까! 세상의 모든 것을 다 포기하고 거룩한 사랑을 실천하게 만드는 열정은 어떻게 생겨난 것일까! 이들의 거룩한 사랑과 열정 앞에 한없는 존경과 감사와 부러움을 느낀다.

나라를 뜨겁게 사랑했던 애국지사, 불의와 싸운 젊은 학생들, 선교의 숭고한 사명과 인류애를 실천한 선교사들의 거룩한 열정은 참으로 아름답다. 술집 접대부 같은 하찮은 직업일지라도 열정을 가지고 최선을 다할 때 그 모습도 아름답다는 것을 나는 느꼈다. 나는 그분들처럼, 아니 그분들의 절반만이라도 나의 직업과 삶에 열정을 가지고 살았는가를 반성해 본다.

벌써 가을이다. 가을은 온 산에 단풍들고 낙엽 지는 계절이다. 서울 근교의 북한산과 도봉산의 단풍은 전국 어느 산의 단풍보다도 아름답다. 금년에도 가을 단풍 절정기를 놓치지 말고 서울 근교 산 단풍이나 즐겨야겠다.

배우자와
새 가정

아버지와 어머니는 오랫동안 우리 사랑하는 딸들의 결혼을 위하여 매일 매일 기도해 온 것을 너희가 다 아는 바이다. 특히 결혼 결정을 바로 앞두고는 부모님의 친구 동료 분들까지 합심하여 집중적으로 기도해 왔다. 하나님께서 우리 기도를 들으시고 응답하시어 참 좋은 신랑감을 준비하셨다가 만나게 하시니 너무 감사하옵고, 기쁘기 한량없구나.

결혼과 결혼생활에 관하여 평소 설교시간에 목사님 말씀을 통하여 많이 듣고 배워서 우리 딸들이 잘 지켜 줄 것으로 믿지만, 부모로서 새롭게 다짐하는 차원에서 세세히 적어 당부하노니 잘 읽어 보고 마음에 새겨 실천하기 바란다.

배우자와 가정은 하나님이 주신 귀한 선물이다. 배우자는 세상의 수많은 사람 중에서 두 사람이 우연히 만난 것이 아니고, 하나님께서 예비하셨다가 믿음의 가정을 만들도록 특별히 주신 귀한 선물인 것이다. 따라서 배우자는 하나님께서 특별히 주신 선물이므로 상대를 귀하게 여겨 성실하고 겸허한 자세로 대하고 받아들여야 한다.

가정은 하나님께서 특별한 목적을 가지고 남녀 두 사람을 만나게 하여 만들어 주신 것이다. 그러므로 일단, 하나님 앞에서 서약하고 결혼한 이상, 하나님께서 허락하지 아니한 이혼, 즉 가정을 깨뜨리는 행위는 하나님 앞에 죄가 되는 것이다. 이혼 사유를 만드는 것도 하나님 앞에 죄를 짓게 하는 행위가 되는 것이다. 어떤 이유로도 이혼은 안 하리라, 이혼사유를 만들지 않으리라 서로 마음가짐을 단단히 하고 결혼에 임해야 한다.

하나님을 기쁘게 하는 가정, 하나님과 동행하는 가정, 하나님 앞에 쓰임 받는 가정을 만들어야 한다. 모든 일에 우선하여 교회생활에 충실하고 가족 친척 가까운 사람부터 열심을 다하여 전도하여야 한다. 가정의 중요한 일을 결정할 때나, 문제가 생겼을 때 먼저 하나님께 기도하여 하나님의 뜻을 물어서 결정하여야 한다.

열심히 일하여 돈도 많이 벌어서 하나님나라 확장과 복음전도에 힘쓰고, 가난하고 불상한 사람들을 도와 주고, 자기가 사는 국가와 사회를 위하여 봉사하는 데 사용하여야 한다. 사명(Mission)을 가진 가정을 만들어라!

결혼으로 책임 있는 가정을 만들어야 한다. 결혼으로 만들어진 새 가정은 두 사람이 우연히 만나서 목적 없이 된 것이 아니라, 하나님의 뜻에 따라 수많은 사람들의 기도와 관심과 기대 속에 이루어진 것이다. 그러므로 그 가정은 그 가정을 통해 하나님이 이루고자 하시는 하나님의 뜻을 성취하여야 할 책임이 있는 것이다. 믿음의 두 사람이 만나, 믿음 안에서, 부부와 자녀를 포함하여 온 가족이 잘되고 행복하게 잘 살아서 하나님을 기쁘게 하고 하나님의 영광을 드러내는 가정이 되어야 할 책임이 있다.

결혼 상대방은 수많은 사람 가운데서, 나를 여러 가지 부족하고 결점이 있음에도 불구하고 배우자로 선택해 준 고맙고 감사한 사람이다. 나로 인해 상대방의 일생이 불행하게 된다면 이 얼마나 안타까운 큰 죄

악인가! 상대방을 행복하게 할 책임이 있는 것이다. 성경말씀에 "이 땅에 의인은 한 사람도 없다"고 했다. 완전한 사람이 한 사람도 없는 것이다. 우리 사랑하는 두 딸 모두 훌륭한 점을 가지고 있지만 부족한 점도 많을 것이다. 상대방도 훌륭한 점도 많지만 부족한 점도 있을 것이다. 우리가 좋은 것만을 좋아하고 사랑한다면 그것은 진정한 사랑일 수가 없는 것이다. 상대방의 부족한 것, 단점을 서로 인정하고, 그것을 내가 가진 것으로 채워 줄 때, 진정한 참사랑이 싹트는 것이다. 곧 부족한 것, 없는 것, 결점은 부끄러움이 되지 아니하고, 참 사랑의 씨앗이 되는 것이다. 상대방의 단점이라 생각되는 부분을 네가 메워 주고, 채워 주고, 이해하여 주고, 사랑하라! 서로 이런 사랑을 가지고 상대를 대하고 가정을 꾸려 가면 행복한 가정이 이루어질 것이다.

두 사람 사이에 태어날 자녀에 대한 책임이다. 자녀들은 본인의 의사와는 관계없이 두 사람이 만들어 놓은 가정에 태어났다. 잘 기르고 가르쳐서 이 사회에 적응을 잘해 가면서 행복하게 살아갈 수 있도록 사랑으로 양육하여야 할 책임이 있는 것이다. 결손가정을 만들어 자녀의 일생을 불행하게 만드는 무책임한 부모가 얼마나 많은가! 자녀를 행복하게 잘 양육할 자신 없으면 결혼을 하지 말고 자녀도 낳지 말라!

두 사람이 결혼을 해서 가정을 만들어 잘 사는 것은 양가의 부모님을 기쁘게 하지만 행복한 가정을 만들지 못하면 부모님을 평생 동안 근심되게 만들고 그 가문에 부끄러움이 되는 것이다. 두 사람이 만든 가정이 부모님을 기쁘게 그 가문의 자랑이 되게 할 책임이 있는 것이다. 좋은 사위, 좋은 며느리 만나서 잘산다고 자랑하게 하라!

가정의 사회적 책임이다. 두 사람과 관계되는 사람들은 새로운 가정이 건전하고 행복한 가정이 되어 그 사회에 기여하기를 기대하고 있다. 불행한 가정은 그가 속한 사회를 불안하게 하고 해악을 끼친다고 하는 것은 이번 조승희 사건에서 여실히 보여 주고 있다. 건전한 가정이 되어 국가와 사회에 대한 책임을 다하고 국가와 사회를 위하여 유익을 끼치는 가정을 만들어야 한다.

결혼과 새 가정

결혼으로 만들어진 새 가정에 대하여 앞의 글에 연이어서 몇 가지 더 당부하고자 한다. 잔소리 같지만 우리 딸들을 사랑하고 새 가정에 잘 적응하여 잘 살기를 바라는 마음에서 그리하니 이해하고 잘 읽어 주기 바란다. 결혼의 의미는 각 나라와 시대에 따라 가족제도가 다르겠지만 우리나라는 결혼함으로써 여자가 친부모의 가정을 떠나 남자 가문에 들어가는 것이다. 그래서 여자가 결혼한다고 하는 것을 시집간다고 하였다.

여자가 접하는 새 가문은 여자가 지금까지 경험하지 못했던 아주 생소한 제도 관습 가풍을 가지고 있는데, 쉽게 터득될 수 있는 것은 아니다. 이런 것들은 오랫동안 그 가정 속에 들어가 생활하면서 배우고 익히고 의식을 공유함으로써 터득될 수 있는 것이다. 그럼에도 남자 측 가정에서는 며느리가 자기 가정에 들어오는 날부터 그 가정의 관습과 가풍과 질서에 맞추어 순응할 것을 기대하고 강요까지 하고 있다. 그래서 최근 처녀들은 결혼을 두려워하여 기피하고 있는 것이다.

신랑 가문에서는 그 가문의 제도 가풍 이런 것들이 여자에게는 아주 생소한 것임을 인정해 주어야 한다. 시간을 가지고 그 가정에 들어가 배우고 익혀야 할 일인 것이다. 새 신부에게 잘 못한다느니 배우지 못했다느니 책망한다면 새 신부에게는 참을 수 없는 고통이 될 것이다. 차츰차츰 친절히 가르쳐서 천천히 배우고 익히게 하여야 한다.

시집 간 여자는 남자 가문의 제도나 가풍이 자기와 다르다고 해서 또, 자기가 가지고 있는 종교나 신앙 논리에 안 맞는다고 해서 갑자기 고치려 해서는 안 된다. 그 가문의 제도나 관습 가풍은 오랜 세월 그 가문의 구성원들을 통하여 만들어져, 그 가문의 질서와 가치로써 내려오고 있는 것이다. 새로 시집온 여자가 그 가문의 오랜 전통 질서를 갑자기 바꾸려 한다면 엄청난 저항과 혼란만 초래하고 받아들여질 수도 없을 것이다. 나중에 가문의 중심 구성원이 되어서 다른 구성원들에게 영향력을 크게 가질 때까지 기다려야 한다. 기회는 쉽게 돌아올 것이다.

여자는 결혼 했으면 그 가문의 일원이 되어서 주인의식을 가지고 그 가문의 발전과 행복을 추구하면서 살아가야 한다. 결혼 후에도 그 가문의 주인의식 없이 친정집 생각만 하고 산다면 결코 옳지 않다. 결혼해서 그 집안의 일원으로 잘 살아가는 것이 친정부모를 기쁘게 하는 것이요 근심되지 않게 하는 것임을 명심하기 바란다.

그 가문의 좋은 가풍은 계속해서 이어가되, 방해하는 자가 되어서는 아니 된다. 노부모를 한 집에서 잘 봉양하고, 형제간에 서로 돕고 우애하며, 일가친척 간에 서로 오고 가면서 친밀하게 잘 지내는 것들은 우리 한민족의 가장 자랑스러운 미풍양속인 것이다. 네 시가(媤家)가 그런 가정인 것으로 생각되어 기쁘게 생각하면서, 우리 딸들이 잘 적응하여 보존하고 발전시켜 주기를 기대한다.

사랑은 가정을 결속시키는 끈이다. 부모와 자녀 간에는 피로 맺어져 있다. 그러므로 부모와 자녀는 헤어져도 남일 수가 없다. 남편과 아내는 사랑으로 맺어져 있다. 남편과 아내 사이에 사랑이 식으면 가정을 결속시키는 끈이 느슨해져 가정이 무너질 위험이 많아진다. 결국 이혼으로 이어져 서로 남이 되고, 해어지면 아무것도 아닌 남일 뿐이며, 원수가 되기까지 한다. 그러므로 부부는 사랑이 식지 않도록 늘 가꾸어 가야하며, 가꾸는 노력이 필요하다.

결혼을 통하여 양 가문은 네들의 가정을 돕는 집단이 된다. 결혼을 통하여 새롭게 탄생되는 가정이 서로 화목하고 성공하면 그 가정을 통하여 양 가문이 자랑스럽게 여기며 협력한다. 양 가문은 네들이 살아가는데 도와주는 힘이 되는 것이다. 새 가정이 싸우고 행복해지지 못하면 두 가문은 서로 책임 문제를 놓고 대립하고 적이 되어 네들을 괴롭히는 사람들이 되기도 한다. 양 가문 사람들을 새 가정의 협력자로 생각하고 협력자로 모셔라!

잘 살고 못 살고는 결혼생활 과정에서 결정된다. 경험에 비추어 볼 때, 결혼하여 잘살고 못사는 것은 결혼 전 두 사람이 가지고 있는 가정환경이나 사회적 지위, 물질이 아니라 결혼생활 과정에서 얼마나 두 사람이 결혼생활의 장애를 슬기롭게 극복해 가면서 협력 하냐에 달려있다. 인물은 결혼할 때 자랑일 수는 있어도 결혼생활 성공 조건은 못되고, 오히려 장애가 될 때가 많다. 인물 없음이 결혼생활의 문제가 되지는 않는다.

성격과 가치관의 차이가 결혼생활의 가장 큰 장애이고 다툼의 원인이 된다. 누구나 성격과 가치관의 다름이 있을 수 있어서 어느 가정이나 부부간에 약간의 갈등과 다툼은 있는 것이다. 부부간에 갈등이 있어도 자녀들에 대한 책임 등 책임성 때문에 참고 살아가면 부부간에 새로운 정과 신뢰가 생겨나고, 그것이 인간으로서 정, 참 사랑이 되는 것이다.

대다수 가정은 성공적인 가정을 만들어 살아가고 있다. 우리 딸들이라고 성공 못할 이유가 있겠는가! 자신감을 가져라! 살아본 후에야 잘살고 못 살고는 알 수 있는 것이다. 살아본 후에야 그 결혼이 잘된 결혼인지 잘못된 결혼인지도 알게 되는 것이다. 부디 우리 사랑하는 딸들은 열정을 가지고 하나님의 사랑 안에서 행복한 가정 만들어 잘 살 것을 기대하고 기도한다.

우국지심

미국 항공모함 조지워싱턴호가 서해로 진입하던 날 미국에 사는 딸로부터 우리나라에 전쟁이 일어나는 것 아니냐며 걱정하는 전화가 걸려왔다. 미국 방송에서 연평도 포격사건과 군사훈련 등 우리나라 서해의 긴장 분위기가 연일 보도되자, 직장 동료들이 "너희네 나라에 전쟁이 일어날 것 같다."며 걱정을 한다는 것이다.

나는 이북과 전면전까지 일어날 것 같지는 않으니 크게 걱정할 것 없다고 말했다. 그러나 전혀 걱정이 안 되는 것은 아니었다. 세계사를 살펴보면 아주 사소한 사건이 양국간 전쟁 또는 국제전쟁으로까지 번지는 사례를 얼마든지 볼 수 있었기 때문이다.

북한의 무모한 도발로 천안함이 침몰하고 46명의 해병이 희생되었다. 연평도가 폭격을 당하여 불바다가 되었다. 국회는 국방부장관에게 연평도 피침 당시 서해 상공에 떠 있던 우리 전투기가 이북 해안포 사격 진지를 왜 폭격하지 않았는지 따져 물었다. 만약 우리 전투기가 이북 해안포 사격 진지를 폭격했더라면 이북 전투기도 출격했을 것이고, 전투기 공중전이 벌어졌을 것이다. 남북한 전면전이 벌어질 상황이었다.

나는 이 시점에서 연평도 피폭사건이 전면전쟁으로 확대되지 않는 것을 천만다행이라 생각한다. 한반도에서 국제전이 벌어지게 해서는 안 되기 때문이다. 우리 대한민국이 만약 북한과 전면전을 벌인다면 결국은 남한이 전쟁에 승리하겠지만, 북한이 입을 피해와 비교할 때 우리가 잃을 것이 너무 크고 많다. 남북한이 모두 회복할 수 없는 큰 피해를 당할 것이 확실하다. 우리 민족이 공멸하는데 전쟁에 이긴들 무슨 의미가 있겠는가.

지금처럼 격앙된 국민의 감정이 우리 군을 도망갈 구멍이 없도록 몰아붙인다면 우리 군의 인내도 한계점에 이를 수밖에 없을 것이다. 이럴 때 국가의 원로가 필요하다. 격앙된 국민들에게는 북한과 전면전으로 확대되지 않도록 이성적으로 대처하자고 설득하고, 군에 대하여는 전면전으로 확대하지 않도록 대응한 것은 잘한 일이라고 격려해 주는 원로가 필요한 것이다. 그러나 우리나라에는 아직 이러한 국가 원로를 찾을 수 없어 안타깝다. 국회나 언론이나 모두 왜 더 강하게 대응하지 못하느냐며 따지고 야단이다.

지금의 한반도 상황을 외국에서는 무척 걱정스런 시선으로 바라보고 있으나 오히려 국내는 차분한 편이다. 우리나라 코스피 지수는 연평도 사건 이후 약간 동요하다가 안정을 되찾은 후 계속 올라서 연말에는 2000을 넘어섰다. 전면전으로까지 확대되지 않을 것이란 믿음을 가지고 있는 것 같다. 우리는 6·25 이후 남북이 대치해 살아오는 동안, 이런 사건을 자주 겪어서 내성이 많이 생긴 것 같다. 우리 국가의 안보에 대하여 지나친 낙관도 금물이지만 지나친 우국지심(憂國之心)도 좋지 않다고 생각한다.

나라가 위급할 때 나라를 지키겠다는 투철한 애국심과 용기를 가진 국민이 있을 때 그 국가가 지켜지고 전쟁에 승리할 수 있는 것이다. 이 같은 교훈을 우리나라는 중동전에서 배웠으며 이스라엘을 본받으려 애를 썼다.

제3차 중동전이 일어났을 때 나는 초년병이었다. 우리나라는 우리 군대를 이스라엘처럼 애국심 높고 용감한 군인으로 길러내고자 부단히 노력하였다. 부대마다 군목을 두어 군에 기독교를 장려하려 하였다. 주일이면 교회 가는 것을 권장하고, 교회 가는 숫자가 적으면 강제로 사역병을 차출하여 교회 보내는 일까지 벌어지기도 했다.

그때 막 제정된 국민교육헌장을 모든 군인이 달달 외우도록 했다. 군인 상하 간에 일체감을 높이기 위하여 포크댄스를 장려하였다. 부대별로 포크댄스 경연대회를 열기도 하였다. 장교와 사병이 밤마다 연병장에 모여, 손에 손을 잡고 포크댄스를 추던 기억이 생생하다.

임진왜란 때는 조헌 곽재우 고경명 김천일 정문부 같은 선비와 서산대사 휴정 같은 승려들까지 의병으로 일어나 싸웠다. 이들은 의병장이었고 대다수 의병은 평범한 농민들이 주축을 이루었다. 조헌은 전라도 금산에서 칠백 의사와 함께 싸워 전사했다. 서산대사는 천칠백의 승군을 조직하여 싸웠다. 저 유명한 행주대첩과 진주대첩도 의병이 중심이 되어 싸웠다.

대한제국 시기에는 일제의 침략에 맞서 전국 방방곳곳에서 창의군이란 명칭으로 의병을 조직하여 싸웠다. 이때 일본 측 통계에 따르면 십오만 의병이 봉기하여 이천팔백 번의 충돌이 있었다고 한다. 무려 1만6천7백 명의 의병이 사망하고, 3만6천7백 명이 부상을 당하였다고 한다.

일제에 의해 나라를 잃었을 때 수많은 사람들이 만주 벌판으로 가고 연해주 시베리아 벌판으로 가서 독립군이 되고 광복군이 되었다. 추위와 배고픔에 떨면서 싸웠다. 고국의 부모 형제 처자식 다 놔두고 36년 동안이나 조국의 독립을 위해 싸웠다.

우리는 세계열강 가운데 5천년 역사를 지켜왔다. 우리 한민족의 핏속에는 나라를 사랑하는 열정이 뜨겁게 흐르고 있다. 나라가 위기에 닥칠 때는 우리 민족 누구나 핏속에 도도히 흐르고 있는 애국심이 발현된다.

연평도 피폭 사건 보고를 위해 국회 국방위원회가 열렸다. 아직 비상 사태가 진행되고 있음에도 회의 상황이 그대로 생중계되고 있었다. 군사보안이 심히 걱정되었다. 국민의 알 권리도 좋지만 국가 안위와 직결된 군사보안이 우선이라 생각한다. 국난 앞에는 여야와 보수 진보를 떠나서 하나로 뭉쳐야 한다. 분열되어서는 국난을 극복할 수 없는 것이다.

이날 국회에서 쟁점이 된 것은 첫째 교전수칙대로 대응했는가의 문제였다. 북한군은 연평도를 향해 170여 발의 해안포를 발사했는데 우리는 80여 발만 쐈다는 것이다. 내 생각으로는 큰 문제가 없는 것 같은데 심하게 따지는 것 같았다. 교전수칙이란 교전 현장 지휘관에게 일정한 재량권을 주되 대략의 범위를 정해 주는 것이라 생각한다. 발사 포탄 숫자 가지고 따질 일이 아니다. 통제가 지나치면 오히려 재량이 없어져 심각한 부작용을 낳는다.

둘째 쟁점은 "확전되지 않도록 만전을 기하라"는 대통령 말씀이다. 대통령 말씀 역시 적절한 말씀이라고 생각되는데, 여야 가릴 것 없이 따지고 야단이다. 국가의 안위와 전체 국민의 생명과 재산을 지켜야 하는 대통령은 전면전을 염려하지 않을 수 없었을 것이다. 대통령 말씀가지고 대통령을 비난하는 사람들에게 일선 지휘관들의 기분대로 과잉대응을 하여 전면전이 붙어도 좋다는 말인지 묻고 싶다. 대통령이면 외롭고도 냉철한 판단을 하셔야지 감정대로 해서는 큰일난다. 괜히 대통령에 대하여 트집 잡지 않았으면 좋겠다.

조지 부시 대통령은 2001년 1월 제43대 미국 대통령으로 취임했다. 그리고 2001년 9·11 이슬람 무장단체의 테러로 뉴욕 세계무역센터 빌딩이 무너져내렸다. 펜타곤까지 비행기 자살충돌을 당했다. 일시에

5514명의 사상자를 냈다. 부시 대통령 취임 후 1년도 채 안 되어 처참한 사건이 초래된 것이다.

독실한 기독교 신자인 부시 대통령은 자국의 유대인을 의식하여 지나치게 친이스라엘 정책을 폈다. 이를 못마땅하게 여긴 아랍 게릴라가 저지른 테러가 9·11 테러인 것이다.

미국 국민은 9·11테러 사건으로 인하여 부시 대통령의 책임을 충분히 물을 수 있었다. 그러나 미국 국회나 언론 국민 어느 누구도 사태를 수습할 때까지 상당기간 그 책임을 거론하지 않았다. 테러 전보다 더 대통령에게 지지를 보내어 난국을 수습하도록 힘을 보태 주었다. 200년 조금 넘은 역사를 가진 미국이 초일류 국가가 된 것은 그런 단합된 국민이 있었기 때문이라고 생각한다. 지금 우리 국회, 우리 국민들의 모습과는 너무 다른 것 같다.

그러나 나는 우리 국가와 국민에 대하여 무한한 자부심과 희망을 가지고 있다. 국가가 난국을 만났을 때는 불타는 뜨거운 애국심으로 분연히 일어나 나라를 구했던 의병들의 피가 우리들의 핏속에 도도히 흐르고 있고, IMF를 만났을 때 금 모으기 같은 단합된 힘을 보여 국난을 극복한 사례는 너무나 많다.

우리 대한민국은 독립 반세기 만에 이 땅에 민주주의를 활짝 꽃피웠다. 국토 면적은 지극히 좁은 국가이지만 경제력은 세계 10위권, 군사력은 세계 6위권 내외의 강력한 국가로 발돋움하고 있다. 참으로 자랑스럽다. 이제 우리 국민도 지나친 우국지심에 사로잡히지 말고, 자부심을 갖고 세계 앞에 당당했으면 좋겠다. 우리 자유 대한민국은 영원할 것이다.

어린이날

올 어린이날 날씨는 다행히 화창하고 싱그럽다. 파란 하늘에 흰구름 떼가 흐르고 광교산 산자락은 연록색 새싹들로 빛난다. 잘 가꾸어진 아파트 단지와 마을 공원 곳곳에 무리지어 피어나는 화사한 핑크빛 철쭉꽃은 5월 어린이 얼굴만큼이나 밝고 아름다운 것 같다.

어린이는 만 6세부터 12세까지 초등학교에 재학하는 연령대를 말한다. 우리나라에서 어린이날이 제정된 것은 1923년이었다. 방정환 선생에 의해 창립된 색동회와 월간잡지 『어린이』의 창간을 계기로 5월 1일을 어린이날로 정하였다가 1946년부터 5월 5일로 변경되었다. 1975년부터는 공휴일이 되었다.

어린 시절을 시골에서 보낸 나는 어린이날이라 하여 무슨 행사에 초청되거나 선물을 받거나 놀러 간 추억은 없다. 그러나 어린이날이 공휴일로 정해진 1975년부터 성동구에 있는 어린이대공원에 근무한 인연으로 어린이날에 대한 추억은 많다.

어린이대공원은 당시 서울컨트리클럽에서 운영하던 군자리 골프장을 육영수 여사의 요청으로 서울시가 기증받아서 어린이를 위한 공원을 만들었다. 1972년 5월 5일 개장했다. 그때는 유신 정부에 의하여 어린이 교육과 보호가 강조되고 어린이날이 공휴일로 지정되면서 5월이 되면 온 나라 관심이 어린이와 어린이날로 집중되었다.

우리 대공원 직원들은 연초부터 어린이날 행사준비에 들어갔다. 잔디와 수목으로 잘 다듬어진 공원에 온갖 꽃을 새로 심고, 어린이들이 보고 즐길 수 있는 동물들을 새로 들여오고, 어린이 노래잔치 그림잔치 등 어린이 행사를 준비했다. 그날은 전국의 어린이들이 다 어린이대공원으로 모여든 것 같았다. 대통령 내외분도 공원에 오셔서 어린이를 만나주시고, 신문 방송 모두 다 어린이대공원 취재에 열을 올렸다. 보통 60~70만 명의 어린이가 입장하고 많이 올 때는 100만 명을 육박할 때도 있었다. 대공원에 입주해 있는 롯데칠성 해태제과 한양식품 서울빵 새한칼라 등 입주 업체들은 이날 하루 장사로 한해 장사를 다 한다. 그렇게 온 나라의 관심 속에 심혈을 기울려 준비한 어린이날에 비가 온다면 참으로 낭패인 것이다.

다행히 화창한 5월 5일 올 어린이날은 이 땅의 모든 어린이들이 들떠 있는 것 같다. 엄마 아빠로부터 무슨 맛있는 것을 사 달라 할까. 무슨 선물을 받을까. 어디로 엄마 아빠 손을 잡고 놀러 갈까하고 말이다.

이런 철없는 어린이들의 요구에 세계적인 경제위기로 직장을 잃고 먹고 사는 것마저 힘들어하는 젊은 엄마 아빠들은 고통이 심한 것 같다. 조그마한 사업을 하고 있는 조카도 사업에 어려움도 알지 못한 아이가 고성 공룡박물관 구경 가자며 조른다고 하소연을 하였다.

우리 집은 어린이가 없다. 우리 두 애들은 30세 전후 나이에 대학교 졸업 후 한 애는 시집 가서 살고 있고, 한 애는 회사에 취직해 다니고 있다. 첫째가 금년에 첫 외손녀를 낳았다. 아직 외할아버지에게 선물 사달라는 말도 못한다.

이 화창한 봄날 푸른 오월에 할아버지는 웬지 쓸쓸하다. 옛 직장 동료나 모임 회원 중 암에 걸려서 모임에 나오지 못한 친구가 점점 늘어난다. 그들은 한평생을 얼마나 열심히 그리고 힘들게 살았는가! 이제 늙어서 조금 쉴 만하니까 죽으란다. 그래서 인생은 슬픈 것이다.

비록 친손자 손녀는 없어도 외손자 외손녀에게나마 선물도 사주며 손잡고 함께 즐거워할 수 있을 그날을 기대하면서 오늘의 쓸쓸함을 달래 본다.

요강

오늘 아침 고향 친구로부터 전화가 걸려 왔다.

"어이 요강, 잘 있었는가! 금년 다 지나가기 전에 망년회 한 번 해야 할 것 아닌가!"

고향 중학 동창 친구들은 지금도 나를 '요강'이라 부른다.

옛날에는 신부가 시집 올 때는 요강을 생활필수품 중 하나로 가지고 왔었다. 요강은 놋이나 옹기로 만들어진 오줌 누는 그릇이다. 시골 산골에서 어린 아이나 부녀자들이 어두운 밤에 집 밖에 있는 칫간에 가기가 무서울 때 방 안에 두고 대소변을 보는 용기로 이용했었다.

그래서 요강하면 구중궁궐 안방 여인네의 풍만하고 하얀 엉덩이와 그로부터 쏟아지는 오물, 아마 이런 것들이 연상되는 물건이다. 결코 아름답다고는 할 수 없는 물건, '요강'이 어쩌다가 나의 별명이 되었을까!

우리 중학교 졸업식은 1965년 2월 25일에 있었다. 꽃 피는 3월은 아직 멀고, 산과 들녘에는 지난번에 온 눈이 희끗희끗 남아 있었고 바람까지 불어 제법 추운 날씨였다. 졸업식은 10시경 열렸는데 지금 돌이켜보면 졸업을 축하해 주는 학부모 한 사람 없이 선생님들과 졸업생 및 재학들만 참석하는 쓸쓸한 졸업식이었다.

오전 11시경 학교 교실에서 졸업식을 끝내고 정문 밖으로 쏟아져 나와 대다수 학생들은 각자 자기 집을 향하여 흩어져 갔다. 그러나 학생회 임원들 위주로 7, 8명의 학생들은 평소 늘 그랬던 것처럼 사전 약속도, 누구의 제안도 없이 면사무소 옆 술집에 모여들었다. 그곳에는 당연히 한두 분의 선생님도 끼어 있었다.

술은 막걸리로, 흰색 술 사발이 돌아가기 시작했다. 얼마 후 몇 순배가 돌아가자 학생들 얼굴은 빨갛게 열이 오르고 취해 갔다. 아쉽고, 섭섭하고, 이제 정말 떠나갈 시간이 가까이 오고 있었다. 그러나 한 순서가 더 남아 있었다. 학교 설립자이신 교장선생님께 정중하게 예의를 갖추어 고별인사를 드려야 한다.

우리들의 발길은 들판을 건너 교장선생님 집으로 향하고 있었다.

교장선생님 집에 도착하자 우리들은 안방으로 들어갔다. 안방 아랫목에 앉아 계시는 교장선생님께 우리 모두는 무릎을 꿇어 큰절을 올리고는 다시 무릎을 꿇고 선생님 앞에 줄을 맞추어 앉았다. 내가 학생들을 대표하여 몇 마디 인사말씀을 올린 후 선생님의 말씀을 듣고 있었는데 아, 정신이 몽롱하다! 아, 이를 어찌하나! 금방 토할 것 같다! 그때 내 뒤집혀진 눈으로 사모님의 놋요강이 들어왔다. 나는 그만 넘어지면서 요강을 끌어안고 요강 속에 마셨던 술을 마음껏 토하고 말았다.

요즈음 서울에서 중학생이 술을 마시고, 술에 취하여 쓰러질 때까지 술을 마셨다면 다 타락한 불량 학생이라고 대단한 지탄을 받을 것이다. 그러나 그 당시 농어촌에서 농사일을 하면서 술을 먹는 것은 금지되지는 않았으며, 우리들은 모두 오전에는 부모님의 농사일을 돕고 오후에 4~5킬로미터 멀리 떨어진 학교에까지 걸어가서 공부하는 모범 청소년들이었다.

또 우리들은 선생님들과 가끔 술자리를 함께 하면서 제법 진지한 토론을 벌이곤 하였다. 나는 이날 선생님으로부터 앞으로 술을 많이 먹지 말라는 당부 말씀을 듣고, 성년이 되어서 직장에 들어가기까지 술을 끊었다. 어떻든 이 사건 이후 나는 동창들로부터 '요강'이라는 별명을 얻게 되었다.

우리 중학교 동창들은 지금도 매년 두어 번씩 모임을 갖고 학창 시절 아름다웠던 추억을 떠올리면서 서로 별명을 불러 가면서 정담을 나눈다. 나는 '요강'이라는 나의 별명을 그렇게 아름답지도 않고, 좋은 의미의 별명은 아니지만 매우 달갑게 여기며, 좋아하기까지 한다. 주경야독으로 어렵게 공부하던 중학교 시절 학우들과 선생님들이 스스럼없이 함께 어울렸던 정감이 묻어나는 별명이기 때문이다.

간증

교회 동갑내기 모임에서 환갑기념문집에 수록할 간증문을 빨리 내달라고 독촉이 왔다. 간증이란 단어는 교회에서 자주 쓰는 용어다. 간증이란 단어의 뜻은 우리 믿는 사람들의 삶 속에서 사고나 질병 같은 큰 어려움을 하나님에 대한 믿음과 하나님의 도우심으로 극복했다고 고백하는 것, 소위 기적 같은 사례를 고백하는 것으로 나는 이해하고 있었다. 그렇게 생각할 때 나의 삶 속에서는 드러내 놓고 발표할 만한 간증거리가 얼른 생각나지 않았다.

간증이란 단어의 정확한 의미를 알기 위하여 우리 국어사전을 찾아보았다. 간증(干證; confession)이란 "기독교인이 자기의 죄를 고백하여 증명한 것, 즉 고백, 신앙고백, 고해 등을 이르는 말"이라고 설명되어 있다. 내가 평소에 듣고 이해하고 있는 개념과는 큰 차이가 있는 것 같다.

우리 인간은 누구나 죄인이며 의인은 한 사람도 없다고 성경은 말하고 있다. 죄를 고백하는 것이 간증이라면 나도 매일 기도할 때마다 죄를 고백하고 있으니, 나는 매일 간증을 하고 있는 것이다.

하나님을 열심히 섬기지 못한 것, 하나님을 믿지 않는 친구에게 전도하지 않는 것, 가난한 이웃을 보고도 도와 주지 못한 것, 어여쁜 여자를 힐끗힐끗 쳐다본 것, 게을러서 교회에 충성하지 못한 것, 고백할 죄가 한도 없을 것 같다.

사실 가만히 생각해 보면 우리들의 삶 자체가 어느 것 하나, 하나님의 도움 없인 일어날 수 없는 기적 같은 사례들인 것이다. 내가 이 시대 대한민국에서 태어난 것, 내가 먹고 살아갈 수 있도록 이 지구에 햇빛을 비춰 주시고, 지구상에 온갖 동식물을 보내 주어 마음껏 먹고 마시게 하신 것, 때를 따라 이른 비 늦은 비를 적절히 내리시어 곡식을 풍요로이 자라게 하신 것, 어느 것 하나 내 뜻이나 의지로 되지 않았고, 우리 부모님의 의지나 노력으로 된 것도 아니다. 모두 하나님께서 베풀어주신 기적이다.

나의 삶 자체가 모두 훌륭한 간증거리인 것이다. 그러므로 내게 간증거리가 없다고 하는 것은 나만이 특별히 가지고 있는 간증거리가 없다는 의미일 것이다.

나는 1947년, 미군정 시절에 시골 산골에서 태어났다. 시골에서 태어난 것이 내가 신앙인이 아니라면 자랑거리가 될 수 없지만 나는 시골에서 태어난 것을 자랑스럽게 생각한다.

봄이면 지천으로 아름답고 이름 모를 꽃들이 피어나고, 여름에는 천둥치며 번갯불 번쩍이고 비바람 소나기 몰아치고 천지가 뒤덮이는 스펙터클한 영화가 펼쳐진다. 가을 들녘에는 황금물결 넘실대고 뒷동산엔 빨간 단풍으로 불탄다. 겨울 깊은 산골엔 들녘이나 지붕이나 담장 위나 앞산 옆 산 뒷동산에 하얀 눈으로 뒤덮여 설국으로 변한다. 이모든 것 하나님이 내게 주신 기적이요 은혜인 것이다.

고향에 있는 이름 없는 중학교에 다닐 때는 학교 설립자이시며 나중에 국회의원까지 지내신 훌륭한 스승님을 만났으며, 서울에 있는 명문 사립 고등학교에 입학해서는 이 시대 한국사회에서 가장 존경받는 종교계 지도자 한경직 목사님을 모시고 배우며 신앙생활을 시작했다.

하나님께서는 첩첩산골에 사는 보잘 것 없는 저를 이끌어내시어 대한민국 수도 서울의 직업 공무원으로 일할 수 있도록 인도해 주셨다.

내게 좋으신 부모님의 아들로 탄생케 하셨으며, 믿음 좋은 아내를 붙여 주시고, 착하고 귀여운 두 딸을 우리 부부 품 안으로 보내 주셨다. 진실하고 성실한 수많은 친구들을 만날 수 있도록 기회를 만들어 주셨다.

요즈음 우리는 100세 시대를 살고 있다. 내 나이 갓 칠순을 지나 노인정엔 가지도 못한다. 불과 20~30년 전과 비교하여도 나는 오늘 죽어도 여한이 없다. 이 나이에 나는 시도 쓰고 시집도 한 권 내었다. 한국문인협회와 국제펜 한국본부에도 등록 회원이 되었다.

이 모든 것은 하나님께서 제게 베풀어 주신 은혜요 기적이다. 이 모든 것이 내가 매일매일 고백해야 할 간증인 것이다.

그날이 오면

소설 「상록수」는 심훈의 대표작이다. 중고등학교만 다녔어도 「상록수」가 심훈의 작품이라는 것은 다 안다. 그러나 「그날이 오면」이 심훈의 시라는 것을 아는 사람은 많지 않은 것 같다. 나도 어느 날 시 낭송모임에 갔다가 어떤 시인이 「그날이 오면」 이라는 시를 열정적으로 낭송하는 것을 보고, 그 후 이 시를 좋아하게 되었다. 특히 이 시의 문학성이 많고 적고 여부를 떠나 내용이 마음을 울렸다. 우리 조국의 독립에 대한 열망을 격정적으로 토해내고 있는 것이다. 이 시의 내용에 큰 감동을 받고, 나는 시인이며 소설가이자 독립운동가인 심훈을 존경하며 좋아하게 되었다.

「그날이 오면」은 일제에 빼앗긴 조국을 다시 되찾는 그날이 왔다고 가정하고, 그날이 왔을 때의 감격을 격정적으로 표현하고 있는 것이다. 광복의 그날이 왔을 때 터져 나올 민족적 환희와 시인의 독립에의 열망이 강렬하게 느껴진다. 이 시는 민족 항일기의 대표적인 저항시라 평가되고 있다.

시인은 조국 광복의 그날이 왔을 때, 두개골이 깨어져 산산조각이 나더라도 자기의 머리로 종로의 인경을 들이받아 광복의 기쁜 소식을 알리겠다고 다짐한다. 자기 몸의 가죽을 벗겨서 큰북을 만들어 둥둥둥

치면서 광복을 환호하며 기뻐하겠노라 고백한다.

그날이 오면, 그날이 오며는/ 삼각 산이 일어나 더덩실 춤이라도 추고/ 한강 물이 뒤집혀 용솟음칠 그날이/ 이 목숨이 끊기기 전에 와 주기만 할 양이면/ 나는 밤하늘에 나는 까마귀와 같이/ 종로의 인경을 머리로 들이받아 울리오리다./ 두개골이 깨어져 산산조각이 나도/ 기뻐서 죽사오매 오히려 무슨 한이 남으오리까?// 그날이 와서 오오 그날이 와서/육조 앞 넓은 길을 울며 뛰며 뒹굴어도/ 그래도 넘치는 기쁨에 가슴이 미어질 듯 하거든/ 드는 칼로 이 몸의 가죽이라도 벗겨서 커다란 북을 만들어 들쳐 메고는/ 여러분의 항렬에 앞장을 서오리다./ 우렁찬 그 소리를 한 번이라도 듣기만 하면/ 그 자리에 거꾸러져도 눈을 감겠소이다.

—심훈, 「그날이 오면」 전문

「그날이 오면」의 작시자 심대섭(심훈은 필명이다)께서 그토록 열망했던 조국의 광복은 제2차 세계대전의 종전과 함께 홀연히 찾아왔다. 그러나 종로의 인경을 머리로 들이받아 깨어지는 광경은 목격할 수 없었다. 큰북을 둥 둥 치며 넘어지고 자빠지며 기뻐하는 모습도 볼 수 없었다. 아쉽고 안타깝게도 심훈 선생은 이 땅에 조국 광복이 찾아오기 전 1936년 9월 영면하신 것이다.

작년 9월에 언론을 통하여 소위 최순실 국정농단사건이 제기되기 시작하였다. 12월 9일에는 우리 국회에서 박근혜 대통령 탄핵 소추안이 가결되었다. 대통령 업무가 정지되고 헌법재판소의 탄핵심판절차가 진행되더니 급기야는 금년 3월 10일 대통령 파면 결정이 내려졌다. 세계사에 유래를 찾아보기 힘든 대격변이 일어난 것이다.

대통령 파면으로 새 대통령을 뽑는 선거가 5월 9일 실시되었다. 9명이 대통령에 출마하였다. 60일 선거운동기간 TV토론도 하고 맹렬하게 선거전이 펼쳐졌다. 그리고 5월 10일 대한민국 제19대 대통령으로 문재인이 당선 취임하였다. 전광석화 같은 정변이 일어난 것이다.

문재인 정부는 총리를 지명하고 장관을 뽑는 등 분주하다. 초반 국민 여론이 새 대통령이 잘한다고 인기가 올라가고 기대가 크다. 그런데 내 마음이 무척 착잡하고 무겁다. 허전하다. 왜일까? 가만히 생각해보니 이번 대통령 선거과정에서 남북통일이란 단어가 실종되어 버렸다.

민족사적 관점에서 보았을 때 이 시대 우리 국가와 민족 앞에 남북통일문제보다 더 중요한 것이 무엇이겠는가? 남북통일이야말로 시대적 사명이요 과업이 아니겠는가. 한 나라의 최고지도자가 되겠다는 사람들에게서 통일에의 의지가 보이질 않는다는 것은 무언가 한참 잘못된 것이다.

유력 대선주자들의 TV토론 과정에서 보니, 통일에 관하여 어떤 생각과 계획을 가지고 있는지 아무도 묻지 않았다. 묻지 않으니 답변하는 자도 없었고, 자진하여 자기 의견을 피력하는 자도 없다. 공약사항 어디를 찾아보아도 통일에 관한 공약은 없었다.

쓸데없이 통일보다는 훨씬 하위 개념인 무슨 북핵 대비 사드라는 미사일을 배치할 것이냐 말 것이냐 북한이 적이냐 아니냐 이따위 수준으로 논쟁을 벌이며, 상대방 말실수를 유도하려 혈안이 되어 있었다. 이른바 한 나라의 대통령을 하겠다는 사람들의 의식 수준이 한없이 빈약하고 어이가 없기까지 했다. 언론도, 그 많은 정치 평론가들도, 어느 누구도 우리 통일에 관하여 의견을 묻고 답하지 않았다.

현재 우리 국민들 의식 속에 통일이란 단어가 사라져 버렸다는 것이다. 큰 걱정이다.

우리 한민족은 고조선을 제외하더라도 삼국통일 이후 1200여 년을 넘게 단일 국가로 살아왔다. 근세에 와서 세계 개방과 근대화에 잠시 뒤처진 나머지 일제에게 나라를 빼앗기고 다시 되찾아온 과정에서 그만 남북 분단을 맞고 말았다. 원통하고 한이로다.

김대중 정부 때 갑자기 금강산 관광이 열리고 남북 정상회담이 열리고 화해 무드가 무르익어 갈 때는 우리 국민 모두는 머지 않는 장래에 통일이 올 것처럼 들떠 있었다. 그때 나는 농담 반 진담 반 통일이 오면 금강산이 있는 고성군에 가서 군수나 해야겠다고 말했다. 나야말로 대도시 행정의 전문가이니까! 한때는 그렇게 통일에 관하여 희망을 가지고 들떠 있었는데, 어쩌다 이렇게 되었는가!

저 세상에 계시는 심훈 선생 보기가 부끄러울 것 같다.

당진 심훈 선생 기념관이나 가서 마음이나 달래야겠다.

세배상

올해의 설날은 주일과 겹쳐서 금요일 오후부터 귀향 전쟁이 시작된 것 같다. 수많은 귀향 차량들이 전국 방방곳곳 잘 뚫린 고속도로를 통해 고향으로 달려가고 있다. 설날 찾아가야 할 고향과 세배 드릴 부모님이 없는 나는 귀향 전쟁을 치르는 사람들이 무척 부러웠다. 매년 설날이 돌아올 때마다 고향 산골마을의 설 정경과 그때 함께 세배 다녔던 친구들, 세배상 차려 주시던 마을 어르신들의 모습이 눈앞에 아른거린다.

그때에 설은 늘 추웠었다. 산과 들 논두렁 밭두렁은 하얀 눈으로 덮여 있었고, 초가지붕과 마을 담장에도 언제나 흰눈이 쌓여 있었다. 처마 밑을 지날 때면 파이프오르간 같은 고드름이 머리에 떨어져 다치지나 않을까 무섭기도 하였다. 비록 날씨는 추워도 설옷을 곱게 차려입고 세배 다녔던 우리들의 마음은 언제나 포근하고 따뜻했었다.

우리 고장에는 설날 산소에 세배 가는 풍습이 있었다. 산소 세배는 설 차례를 지내고 해가 뜰 때 든든한 첫째 둘째 두 형님과 사촌형까지 함께 모여서 출발하곤 했다. 우리가 세배 가야 할 산소는 마을 주변에 있는 세 조부모의 묘였다.

세배 가는 길의 공기는 차가웠지만 신선했으며, 떠오르는 햇살은 아직 녹지 않은 눈 위에서 반짝였다. 눈 덮인 풀숲을 지날 때는 잠자던 들새들이 놀라서 푸드덕 날아 도망가기도 했으며, 특히 새작골 고조할아버지의 묘에 갈 때는 양지바른 산비탈 밭을 지나가야 했는데, 그 양지바른 밭에서 콩알을 주워 먹다가 숲 속으로 날아가는 색깔 고운 장끼를 볼 수도 있었다.

우리는 산소에 도착하면 묘 앞에 술 한 잔 따라 놓고 절을 올렸다. 그리고 각자 조그만 소나무 가지를 꺾어서 묘지 앞에 놓았다. 이 묘는 효를 실천하는 후손들이 있어서 설날 아침 세배를 다녀갔다는 표시를 한 것이다.

산소 세배를 마치고 마을로 돌아온 나는 언제나 덕산양반 집에 먼저 세배를 갔었다. 덕산양반은 내 초등학교 같은 반 단짝 아버지의 택호(宅號)다. 택호는 벼슬 이름이나 시집 장가간 지역 이름을 붙여서 본래 이름 대신 부른 이름이다. 보통 여자는 모모댁 남자에게는 모모양반, 어린이들은 마을 어른들을 그렇게 불렀다. 친구는 우리 집으로 와서 우리 아버지께 세배를 드렸다. 마을 어르신들에 대한 세배는 또래끼리 모여서 다녔으며, 마을 안길을 따라 너뱅이양반, 용산양반, 도랑 건너 핑개물양반 등 노인 어르신이 계시는 집만 다니면 되었다.

마을 어르신들께 세배를 드리면 요즈음처럼 세뱃돈을 주는 것이 아니라 세배상을 차려 내왔다. 세배상은 떡국 감주 흰떡 콩떡 콩나물 취나물 고사리 산자 등 격식을 가춘 상차림이었다. 세배를 받은 어르신 집은 어느 집이나 세배상을 차려 내오지만, 처음 한두 집에서만 받고 나머지 집에서는 사양하였다. 우리 어린이들은 어른이나 된 것처럼 늠름하고 자랑스럽게 세배상에 둘러앉아 음식을 맛있게 먹었다.

우리는 조상 묘에 세배함으로써 효를 배웠으며, 마을 어르신들을 찾아 세배함으로써 어른에 대한 존경심과 예의를 배우고 실천하였다. 마을 어른들께서는 세배하는 어린이에게 세배상을 차려줌으로써 효와 예의를 배우고 실천하는 어린이에게 인격적인 대우를 해주며 격려하는 것이었다.

우리는 매년 우리 집 옆에 사는 너뱅이양반 집에서 세배상을 받았었다. 너뱅이양반 집은 우리 초등학교 동창 가시내 집이다. 그 시절 여자들은 세배를 다닐 수 없었다. 사내 아이들만의 특권이었다. 그 동창 가시나이는 부끄러워서 우리 얼굴을 쳐다보지도 못하고 부엌에 숨어서 세배상 차리는 일이나 도왔을 것이다.

고향을 떠나온 지 어언 반세기가 흘렀다. 적어도 60여 년 전 초등학교 3, 4학년시절 설날 세배의 추억이다. 그때 세배를 받던 어르신들은 벌써 다 세상을 떠났으며, 그분들의 택호나 얼굴 모습도 잘 기억나지 않는다.

그때 나와 함께 세배 다녔던 친구들 중 나의 단짝친구는 10년 전에 암으로 죽었고, 묘는 처가 동네 어느 산골에 묻혔다고 들었다. 지금 살아서 활동하는 친구는 한두 사람에 불과하다.

우리들에게 매년 세배상을 차려 주었던 너뱅이양반의 딸은 서울 주변 어느 신도시에서 산다는 소식을 들었다. 나는 참 숫기도 없고 무심한 사내였다. 우리 집 옆집에 사는 그 동창 가시내의 이름 한 번 불러본 기억도 없고, 고향을 떠나온 후 한 번도 만나 보지 못했다. 다 죽기 전에 집사람의 허락을 받아 한 번 찾아봐야겠다는 생각이 들지만 그것도 자신이 없다.

세배 가야 할 마을 어른도 없고 세배상도 사라져 버린 도시에서 우리 어린이들은 어디에서 효를 배우며 어른에 대한 존경과 예의범절을 배울 것인지 모르겠다. 세배상 받던 그 시절은 참 아름다웠고 정겨웠다.

못다 한 주례사

나는 오래 전부터 주례사를 준비해 놓고 결혼식 주례 청탁에 대비하고 있었다. 언변이 부족하여 여러 사람 앞에 서기를 꺼려하는 내가 어찌 하여 주례사까지 준비해 놓고 은근히 주례 청탁을 기대하고 있는지 모르겠다. 주례감이 되지 못한 사람이 말이다.

군 제대 직후 초등학교 동창의 결혼식에 참석했다가 갑자기 사회를 보게 되었다. 당초 사회를 맡게 되어 있는 친구가 시간이 다 되어도 나타나지 않는 것이다. 그때 나는 결혼 적령기가 아니었으므로 결혼식의 사회를 맡아 볼 기회도 없었고 눈여겨볼 필요도 없었다. 참으로 당황스러웠다. 갑작스런 사회 요청을 거절하지 못하고, 엉겁결에 사회를 맡아서 예식장 측에서 시키는 대로 진행시켜 나갔다. 그러나 주례와 호흡이 맞지 않아 그만 평생 잊지 못할 망신을 당하고 말았다.

서울 어느 동장으로 부임하여 근무하고 있을 때 고향 사람의 결혼식에 참석한 적이 있었다. 그런데 예식 시작 시간이 다 되고 몇 분이 지나도록 주례 맡으신 분이 오시지 않으셔서 식이 시작되지 못하고 있었다. 그때 마을의 원로 되신 분이, 서울에서 동장을 하고 있는 내가 주례를 설 수밖에 없다고 말씀하시면서 나의 결단을 촉구하고 나서는 것이었다. 주례 경험도 없고 준비도 되지 않았는데 매우 당황스러웠다. 과거 갑자기 친구 결혼식 사회를 맡아 망신당한 기억이 머리를 스쳐갔다. 조금 더 기다려 보자며 주저주저하고 있는데, 마침 주례를 맡으신 분이 차가 막혀서 늦었다고 사과를 하면서 나타나서서 위기를 모면할 수 있었다.

주례 준비 없이 함부로 고향 사람 결혼식에 참석했다가는 고향 사람들 앞에서 망신을 당할 것 같았다. 그날 이후 결혼식 갈 때마다 주례하는 것을 유심히 살펴보고 자료를 모았다. 그렇게 해서 주례 카드를 만들고 주례사 난에 주례사를 요약하였다. 이렇게 준비된 주례 카드는, 주례 사고가 날 만한 결혼식에 참석할 때는 지참하여 가곤하였다.

그때 이후 구청에서 여러 기관장을 수년간 하였다. 다수의 주민들 앞에 서서 인사말도 하고, 축사도 하고, 연설도 꽤 많이 했다. 대중 앞에 서는 데 조금 자신감이 붙은 것 같았다. 만면에 웃음과 여유를 가지면서 미사여구를 동원한 명주례는 못한다 할지라도 이제 주례를 봐도 망신을 당할 것 같지는 않았다. 주례 사고가 아니라 정식 주례 요청이 와도 거절할 이유는 없다는 생각이 들기도 하였다.

다행스럽게도 그때 이후 주례 사고는 일어나지 않았다. 주례 사고는 아니지만 총각 직원이 결혼 날짜를 잡아 놓고 난데없이 나를 주례로 모시고 싶다고 하여 사양하고 관내 출신 국회의원을 소개해 주었다. 그 후 몇 번의 주례 요청이 들어왔지만 모두 사양하고 보다 훌륭한 분들을 소개해 주었다. 주례의 기회를 스스로 거절한 것이다. 이후 직장을 퇴직하고 10여 년이 지나가고 있지만 아직 정식 주례 청탁을 받아 보지 못했다.

신랑 신부의 사랑에 의하여 새로 탄생된 가정은 그 사랑이 식지 않도록 서로 꾸준히 노력하고 가꾸어 가야만 그 가정이 유지되고 행복한 가정이 될 수 있다는 나의 가정관을 담아서 만들어 놓은 주례사, 그리고 그 사랑을 유지하고 가꾸어 가는 방법으로 고린도 전서 13장, 사랑의 장, 성경 말씀을 낭독해 줌으로서 깔끔하고 시적으로 주례사를 마무리 짓겠다는 나의 주례 구상은, 이제 준비로써 그 생을 마감해야 할 것 같다.

요즈음 결혼 주례는 고위 선출직 공무원이 설 수 없게 되자 성직자나 교수의 전유물이 되었다. 나의 준비된 주례사는 처음부터 주례 사고에 대비하여 만들어진 것이다. 딸만 둘이어서 복이 없다는(?) 사람, 내가 주례를 볼 만한 사회적인 지위나 인품이 못 된다는 것을 잘 알고 있다. 그러므로 주례 한번 서지 못했다 하여 섭섭할 일은 아닌 것 같다.

이제 마음을 비우고 수첩 속에서 고이 잠자고 있는 주례 카드를 꺼내어 휴지통으로 보내야 할 때가 온 것 같다.

이 늦가을 우리 집 앞 동막천 산책길은 우리 노인네 머리카락 같은 하얀 갈대 꽃잎들이 무성하여 바람이 불면 심히 흔들렸다. 갈잎 사이론 엄마 물오리, 새끼 물오리 가족들이 늘 줄맞춰 헤엄쳐 가는 모습을 볼 수 있었다. 무척 자유로워 보였다. 나도 물오리 떼처럼 모든 것 내려놓고 한량없이 자유롭고 싶다.

입덧

성경 창세기 1장 27절, 28절에 사람의 창조에 관하여 다음과 같이 기록되어 있다. "하나님은 남자와 여자를 창조하셨다. 그리고 축복하여 이르시기를 '너희는 많은 자녀를 낳고 번성하여 땅을 가득 채워라' 라고 말씀하셨다." 이것이 모세의 입을 통하여 우리 인간에게 내리신 하나님의 축복이요 명령이다. 그러므로 사람은 자녀를 많이 낳아 땅을 가득 채울 사명을 가지고 이 땅에 태어난 것이다. 창조주 하나님으로부터 이 땅에 사는 모든 사람들이 부여받은 축복이요 사명이다.

사람은 사춘기가 되면 이성에 대하여 사랑의 감정을 주체할 수 없을 정도로 많이 느끼는 것 같다. 초등학교 시절부터 이성을 느끼기 시작한다. 구애 활동은 남성보다 여성이 더 적극적이다. 시시때때로 거울을 보면서 눈썹을 그리고, 얼굴 피부를 곱게 하기 위하여 크림을 발라 마사지하며, 머리 모양을 내기 위하여 손질하고 가다듬는다. 매일 매일 예쁜 옷을 갈아입으며 몸맵시를 뽐내기도 한다. 창조주가 부여한 사명을 감당하기 위하여 벌이는 구애 활동이며 에로스(Eros)의 표현인 것이다.

우리 교회 목사님은 "에로스는 잘못된 사랑이요 사탄이 주는 동물적인 사랑이다."라고 말씀하셨는데 나는 목사님 말씀에 동의할 수 없다. 에로스야말로 하나님이 주신 사랑이다. 창조주가 부여한 출산의 사명을 감당할 수 있도록 하나님이 주신 원초적인 사랑인 것이다. 남여 간에 에로스적인 사랑이 없다면 이 땅에 사람이 충만하도록 자녀를 많이 낳을 수 없을 것이다.

"자녀를 많이 낳아 이 땅을 가득 채워라!"라는 하나님의 말씀은 이 땅에 살아가는 모든 생명체들, 식물이건 동물이건 모두에게 해당된다고 생각한다. 실제 이 지구상에 존재하는 모든 생명체들이 그렇게 운명적으로 사명을 감당하면서 살아가고 있다. 특히 동식물의 종(種)을 구성하고 있는 각 개체(個體)들은 삶의 초점을 자기 종의 계속적인 생존과 번영에 맞추고 있음을 알 수 있다.

연어는 성어가 되어서는 자기가 태어난 고향에 돌아와 새끼를 낳는다고 한다. 강원도 양양 남대천의 연어 떼는 수만리 북태평양 여행길을 접고 자기가 태어난 남대천으로 돌아와 폭포수도 뛰어넘고 살여울도 피해 가며 온갖 죽을 고비를 다 견디면서 상류 산란장까지 도착한다는 것이다. 드디어 깨끗한 물 속 자갈밭을 헤집어서 알을 다 낳은 후, 그만 기진맥진하여 죽어 간다는 것이다. 한없이 슬프고 신비롭고 안타까운 생명현상이요 자연법칙이다. 나는 남대천 연어 떼의 생명현상을 「사명」이란 시제로 시를 썼다.

> 남대천 물 냄새며 풀 향기 추억삼아/ 수만리 북태평양 꿈 접고 돌아온다./ 연어 떼 고난의 행렬 신비로운 귀향길// 폭포도 뛰어넘고 살여울 피해 가며/ 자갈밭 헤집어서 산고를 다 마치고/ 제 할 일 다 했노라며 소리 없는 절규다.
>
> —「사명」 전문

여왕벌은 교미 시기가 되면 자기 벌집을 나와서 하늘높이 날아오른다. 이때 수벌들은 모두 여왕벌을 따라나선다. 온힘을 다하여 여왕벌을 따라 하늘 높이 따라 오른다. 딱 한 마리 수벌이 남을 때까지 날아오른다. 하늘높이 여왕벌과 딱 한 마리 수벌이 남았을 때 교미의 순간을 맞이한다. 그리고 수벌은 기진맥진하여 생의 최후의 순간을 맞이한다. 이 미미한 곤충이 왜일까! 모든 생명체의 생사를 설계하시고 주관하시는 창조주의 전지전능을 빼놓으면 설명할 수 없다. 「희생」이란 제목으로 또 한 편의 시를 썼다.

> 수벌 한 마리가 하늘 높이 솟구쳐서/ 사랑 한 번 맞본 죄로 북망산 떨어지네/ 이래도/ 세상은 공이고 저래도 공인 것을
>
> —「희생」 전문

우리 둘째딸 은영이가 입덧이 심하다. 구정 전에 시작되었으니 두 달이 되어 간다. 밥을 거의 먹지 못한다. 먹으면 토하고 음식 냄새도 맡기 싫어한다. 음식을 못 먹으니 힘이 없다. 얼굴이 핼쑥하고 허리도 똑바로 펴지 못한다. 힘이 없어 영양주사를 3일에 한 번씩 맡는다. 직장에 출근한 딸애로부터 못 견디겠다고 전화가 걸려 오면 엄마와 내가 승용차를 몰고 가서 단골 병원까지 실어다 준다. 또 병원에서 두어 시간 기다렸다가 자기 집으로 실어다 준다. 버스도 못 탄다. 택시도 못 탄다. 차에서 나는 석유 냄새도 싫고, 다른 사람 차 안에다 토할까 두려워서다. 지금까지 직장에 겨우겨우 출근했는데 도저히 못 견디겠다며 휴가를 받아 왔다.

입덧에 대하여 인터넷을 다 더듬어 봐도 왜 임신부에 입덧이 생기는지 과학적인 설명이 없다. 여러 사람에게 이유를 물어 봐도 합리적인 이유를 설명하지 못한다. 하나님께서 사람을 얼마나 정밀하게 과학적

으로 창조하셨는가! 뱃속에 아기가 생겨서 엄마로부터 영양분을 공급받아 자라고 있을 텐데 식욕이 더 왕성하여야 설명이 될 텐데 말이다.

창세기 3장에는 하나님 말씀에 대한 사람의 불순종과 그로 인한 하나님의 심판이 나온다. 3장 16절에, "그리고 하나님이 여자에게 말씀하셨다. '내가 너에게 임신하는 고통을 크게 더할 것이니 네가 진통을 겪으며 자식을 낳을 것이다.'" 하나님의 명령을 어기고 뱀의 꾐에 빠져서 선악과를 따먹은 대가다.

하나님께서는 여자에게 출산의 축복도 주셨지만 고통의 벌도 주셨다. 여자에게는 운명이다. 우리 은영이도 모든 여성에게 주어진 운명의 길을 가고 있는 것이다. 또한 인간의 탄생을 위해 고통을 수반한 축복이다.

나는 우리 사랑하는 딸아이가 자기에게 주어진 사명과 운명을 늠름히 감당하는 것을 보면서 대견하게 여기기도 하지만, 안타깝고 짠하고 슬프기도 하다. 또 둘째아이를 낳을 때에도 똑같은 고통의 과정을 밟을 것이다. 다 낳아서는 기르고 가르치는 데 수많은 수고를 바칠 것이다. 장가 보내고 시집 보내고 제 할일이 태산같이 많이 남아 있다.

제발 우리 은영이가 하루 빨리 이 고통의 터널을 지나 건강하고 예쁜 아기를 출산했으면 좋겠다.

벚꽃놀이

분당 동막천 벚꽃이 제일 예쁘고 아름다운 것 같다. 강둑에 죽 늘어선 벚꽃나무와 갈대밭, 고풍스런 집들과 잘 다듬어진 수목, 그리고 저 멀리 숲속에 싸인 고층 건물들이 잘 어우러져 한 폭의 멋진 풍경화가 되었다. 시골 고향 냄새가 물씬 풍겼다. 어린 날 부모 형제와 뛰놀던 곳, 벌들이 윙윙거리는 강가, 다시 돌아가고 싶은 머나먼 고향이다. 흐드러지게 잘 핀 왕 벚꽃나무 밑에 카메라를 들이대고 셔터를 누른다.

3일 전에는 석촌호수 벚꽃과 새로 건립한 롯데월드타워를 배경삼아 멋있는 사진을 찍었다. 그 다음날은 남산 둘레길을 돌면서 서울 시내 세종로 쪽, 동대문 쪽을 배경삼아 수십 컷의 벚꽃 사진을 담아 왔다. 그리고 찍은 사진을 가까운 지인들에게 보내주면서 벚꽃 지기 전에 빨리 와서 구경하라고 부추겼다.

남한산성 벚꽃도 자동차로 드라이브하며 구경하면 기가 막힌다. 며칠 전 갔을 때는 아직 피지 않았었다. 지대가 조금 높고 산그늘 진 곳이라 조금 늦게 피는 것 같았다. 절정기를 놓치지 않아야 할 텐데, 바싹 정신 차리지 않으면 금방 지나간다.

새 봄이 시작되면 한 달 전부터 신문이나 방송에서 벚꽃 개화 시기를 예보한다. 남쪽 제주, 진해부터 차츰차츰 서울 북쪽으로 올라온다. 나는 서울 개화기를 캘린더에 표기해 놓고 피크타임을 놓치지 않으려 애를 쓴다. 누구와 함께 갈지도 미리 구상하고, 맛있는 음시점하며 운치 좋은 멋진 카페도 미리 봐둔다. 언제나 3월 한 달은 이렇게 벚꽃 구경 기대와 흥분 속에 들뜬 마음으로 보내곤 했었다.

능동 어린이대공원도 벚꽃나무가 많다. 나는 어린이대공원에서 4년간 근무한 적이 있는데 달밤의 공원 벚꽃은 환상적이었고, 교양관 옥상에서 내려다본 공원의 밤 정경은 무릉도원이었다. 그때 그 정경을 잊을 수 없다.

밤 벚꽃놀이 하면 창경원을 빼놓을 수 없을 것이다. 달밤 꽃잎 흩날리는 벚꽃나무 밑에서 할아버지 할머니 아저씨 아주머니 함께 어우러져 춤을 추었다. 청춘 남녀 배를 타며 사랑을 속삭이고, 케이블카에 올라타 공중에서 벚꽃 구경하였다. 1983년 창경원이 창경궁으로 복원되기까지는 서울에선 그렇게 밤 벚꽃놀이를 즐겼다.

생각해 보면 우리는 역사에 대하여 너무 무지했고 부끄러움을 몰랐다. 1907년 일제는 창경궁 궁내 건물 60채를 헐어내고 동식물원을 만들었다. 그리고 순종황제의 거처를 창경원으로 옮겨 살도록 했다. 대한제국 황제가 통치하던 궁궐을 동물을 기르는 동물원으로 만들고 일본사람들이 좋아하던 벚꽃나무를 대량으로 옮겨 심었다.

그러니 1945년 해방되고도 1983년까지 38년 동안 아무 생각 없이 임금님이 통치하던 창경궁을 창경원이라 부르고, 동물 구경 가고, 봄이면 온 나라가 들떠서 창경원 벚꽃놀이 가고 그랬었다. 시골에서 고향 사람들 서울 구경 오면 창경원 구경시켜 주는 것은 내 몫이었다. 당시 서울에서 고등학생이었으니 공휴일에는 내가 열심히 안내하였다.

정부 지도자들의 역사인식이 한심스럽기 짝이 없었다. 일제로부터 해방되자마자 우리 역사 속에 수치스런 일제의 잔재를 걷어내야 할 정부가 38년간이나 방치하였다. 입이 열 개라도 할 말이 없을 것이다. 문제를 지적한 사람도 없었던 것 같다.

한때는 벚꽃이 일본 국화(國花)인 만큼 우리가 지나치게 벚꽃을 좋아하는 것은 문제라는 비판도 있었다. 그러나 일본에선 명시적으로 벚꽃을 일본 국화로 정한 적이 없다고 한다. 일본 황실을 대표한 꽃은 국화(菊花)란다. 일본 전역에 벚꽃이 많고 일본 국민 모두 다 벚꽃을 좋아하니 사실상 일본 국화(日本國花)라 하여도 틀린 말은 아닐 성싶다.

꽃이 아름다우면 아름다운 것이지, 벚꽃을 좋아한다 하여 일본을 좋아한 것 아니지 않는가! 특히 우리나라 전국에 많이 피어 있는 왕벚꽃나무는 우리나라 제주도가 원산지라 한다. 이제, 벚꽃을 좋아하고 즐기는 것까지 시비 걸 때는 아닌 것 같다.

벚꽃나무는 4월초가 되면 나뭇잎이 돋아나기 전에 꽃망울을 먼저 터트린다. 일시에 모든 꽃망울 터트렸다가 2, 3일이 지나면 또 일시에 꽃잎을 떨어뜨린다. 소동파는 가인박명(佳人薄命)이라 하여 그의 시에서 미인의 단명을 안타까워했다는데 나는 봄마다 화사한 벚꽃이 2, 3일 피었다가 쉬이 지고 마는 벚꽃의 운명을 아쉬워하였다.

금년에 핀 꽃은 내년엔 다시 볼 수 없을 것이다. 내년에 내가 벚꽃 구경 다시 한다 한들 그날의 나는 오늘의 나는 아닐 것이다. 금년에도 벚꽃을 내 생애에 마지막 구경이라 생각하고 큰 감격과 감사한 마음을 가지고 즐기며 기뻐하였다.

내일쯤, 남한산성 벚꽃 피크타임에 내 멋진 승용차를 몰고 드라이브 가야겠다. 옆 좌석에, 벚꽃 홍취를 함께 즐기고 노래할 곱게 늙은 여류시인 함께라면 더욱 좋을 것 같다.

황제 어새

고종황제가 은밀하게 사용했던 황제어새(皇帝御璽)가 2009년 3월 태평양을 건너 조국의 품으로 돌아왔다. 1909년에 마지막 사용되었다고 하니까 꼭 100년 만에 돌아온 것이다. 지금은 우리나라 고궁박물관에 안착하여 대한제국의 멸망사를 탄식으로 토해내고 있다. 쓰러져 가는 제국(帝國)을 붙들고 몸부림치는 황제의 통곡 소리가 들리는 듯도 하다.

1895년 8월 20일 민비(閔妃)의 시해사건을 우리 국사책에서는 을미사변이라 한다. 일제는 국내 개화파와 대원군까지 앞세워 궁궐에 난입, 러시아를 통해 일본을 견제하려던 민비를 제거한 것이다. 믿었던 신하들의 배신으로 왕비까지 잃어버린 고종의 곁에는 아무도 없었다. 임금님은 수라상도 믿을 수 없어 통조림으로 삼시세끼를 해결하였다고 전해지고 있다.

언더우드 선교사 부인이 써서 나중에 책으로 나온 『조선견문록』을 읽어 보았다. 이 견문록 속에는 민비의 시해사건과 선교사 언더우드와 헐버트 등이 궁궐에 들어가 교대로 보초를 서며 임금님을 지켰다는 내용이 생생하게 기록되어 있었다. 고종은 당시 국내에 들어와 있던 젊은 미국인 선교사들을 궐내로 불러들여 교대로 지켜주도록 요청하였던 것이다.

1905년 11월 17일 대한제국과 일본 사이에 강제로 체결된 을사보호조약은 대한제국의 외교권을 완전히 빼앗아 버린 늑약(勒約)이었다. 을사늑약에 의하여 외국에 나가있는 조선의 외교기관은 전부 폐지되었고, 조선에 나와 있던 외국 외교관들은 본국으로 모두 철수해 갔다.

신하들마저 믿을 수 없었던 고종황제는 비밀 외교를 펼칠 수밖에 없었다. 외국에 보낼 비밀문서를 만들고, 비밀문서에 찍을 비밀 어새를 만들고, 비밀문서를 은밀히 보낼 수 있는 비밀 조직을 만들었다. 고립무원 속에서도 대한제국의 주권수호를 위해 가진 애를 쓰신 고종황제의 몸부림을 이번에 돌아온 어새를 통하여 엿볼 수 있었다.

황제는 우선 황제 직속 정보기관 제국익문사(帝國益聞社)란 비밀 조직을 만들었다고 한다. 비밀 조직에는 총 61명의 비밀 정보원(통신원)이 배치되었고, 한성에 본부를, 동경 오사카 나가사키 북경 상해 등에 지부를 두었다. 이 비밀 조직은 치밀하게 조직되고 비밀이 유지되어 지금까지도 단 한 사람도 그 신분이 밝혀지지 않고 있다고 한다.

비밀문서에 사용할 어새를 국새(國璽)와는 별도로 만들었다. 은밀히 관리하기 쉽도록 국새의 1/4크기로 작게(가로 세로 각5.3cm) 만들었다.

비밀리에 만들어진 황제의 친서는 비밀 어새를 찍어 비밀 정보원을 통해서 러시아 이탈리아 프랑스 독일 오스트리아 미국 등 열강의 황제나 대통령에게 비밀리에 전해졌다. 지금까지 비밀 황제어새를 찍어 비밀리에 보내진 문건은 총 17건으로 밝혀지고 있다.

어느 나라에 보낸 고종황제의 친서에는 "을사조약은 일본의 강압으로 맺어진 늑약이므로 무효이다. 국제재판소에 일본을 제소할 테니 대한제국을 도와주기 바란다."라는 내용이 있었다고 한다. 이런 문서는 이승만과 헐버트 등을 통하여 미국 루스벨트(Theodore Roosevelt) 대통령에게도 보내졌었다.

비밀 황제어새가 찍힌 문서 중 하나는 상하이 독일계 은행에 예치한 대한제국 황실재산을 찾아 빼앗긴 조국의 독립운동에 쓸 수 있도록 헐버트에게 써준 문서였고, 현재 이 문서는 우리 고궁박물관이 보관하고 있다.

그때나 지금이나 국가가 힘이 없으면 국제사회는 냉엄했고 어느 국가도 도와 주지 않았다. 당시 고종황제는 이승만 윤병구, 그리고 나중에 헐버트를 루스벨트에게 보내 조미수호조약에 의거하여 조선을 도와 주도록 간청하였지만 "조선은 일본의 보호를 받는 것이 마땅하다."고 루스벨트는 조선의 도움 요청을 거절하였다. 헐버트는 "미국은 조미수호조약에 따라 마땅히 조선을 보호해 주어야 함에도 조선을 저버렸다."라고 미국을 신랄히 비판하는 기사를 당시 미국 신문에 기고하기도 하였다.

열강에 보내졌던 호소문은 모두 자국의 이익에 따라 무시되었고, 헤이그 만국평화회의에 파견된 밀사는 회의에 참석할 수도 없었다. 10여년에 걸쳐 펼쳐진 고종황제의 비밀외교는 애쓴 흔적만 남아 있을 뿐 성과는 안타깝게도 전무하였다.

요즘 우리 외교정책을 보면 심히 걱정된다. 조선 말기와 같은 불행한 사태가 되지 않을까 소름이 끼친다. 여야간에 또 보수와 진보세력 간에 "親美가 좋으냐! 親中이 옳으냐!"를 가지고 밤낮없이 싸운다. 정권이 바뀔 때마다 외교 노선이 바뀐다. 외교정책에 관하여 여야간의 합의도 없고 국민간의 합의도 없다. 정권을 잡으면 자기들 옳다는 대로 한다. 우리 외교에 일관성이 없다.

우리 국가가 우리 국가 스스로를 방어할 힘을 길러야 한다. 우리 국방을 다른 나라에 기댈 수만은 없다. 우리가 힘이 없는데 우리나라를 도와 줄 마음씨 착하고 좋은 나라는 옛날에도 없었고 오늘날에도 없는 것이다.

세상에 아름다운 나라, 美國은 없다는 것이 나의 생각이다.

홍련의 노래

히브리 유다왕국은 여호와김 왕 3년째인 주전 586년에 신 바벨론 느부갓네살(Nebuchadnezzar) 왕에게 망하였다. 이때 4600여 명이 포로로 잡혀 가서 70여 년 동안 바벨론에서 노예생활을 하였다. 성경 예레미야서 52장, 열왕기하서 25장, 역대하서 36장에 이에 대한 내용들이 잘 기록되어 있다.

또 성경 시편137편에는 이때 잡혀간 히브리 노예들의 애한이 시로서 잘 표현되어 있다. "우리가 바벨론의 여러 강변 거기 앉아서 시온을 기억하며 울었도다. 그 중의 버드나무에 우리가 우리의 수금을 걸었나니 이는 우리를 사로잡은 자가 거기서 우리의 노래를 청하며, 우리를 황폐케 한 자가 기쁨을 청하고, 자기들을 위하여 시온 노래 중 하나를 노래하라 함이로다. 우리가 이방에 있어서 어찌 여호와의 노래를 부를꼬.(시편 137:1~4)"

주세페 베르디(Giuseppe Verd)는 성경 속에 나오는 히브리 노예들의 이야기를 모티브(motive)로 하여 오페라 〈나부코(Nabcco; 느부갓네살 왕의 이텔리아식 표기의 약자이다)〉를 작곡하였다. 특히 오페라 〈나부코〉 중 3막 2장에 나오는 히브리 노예들의 합창은 당시 이탈리아 사람들의 큰 호응을 받아서 크게 성공했다고 한다.

날아라! 생각이여 금빛 날개를 달고/ 비탈과 언덕에서 날개를 접어라/ 그곳은 부드럽고 온화한 공기/ 조국의 공기가 향긋한 곳 맞이하라/ 요단강 강둑과 무너진 탑/ 오 내 조국! 빼앗긴 내 조국!/ 새로워라! 그 옛날의 추억/ 지나간 옛일을 말해 주오 흘러간 운명을/ 되 세기며 고통과 슬픔을 물리칠 때/ 주께서 우리를 사랑하며/ 굳건한 용기를 주리라.

이 합창곡 가사는 원어를 한국어로 번역하는 과정에서 또 여러 가지로 편곡되면서 각기 다름을 참고해야 한다. 어쨌든 이 합창곡 가사 속에 예루살렘을 그리워하며 조국으로 돌아가기를 갈망하는 히브리인들의 감정이 잘 나타나 있다.

19세기 중엽 오스트리아 합스부르크 제국의 통치하에 있던 이탈리아인들은 히브리 노예들의 합창곡을 들으면서 조국 이탈리아 통일의 꿈을 키워 갔다. 이 합창곡이 마치 자기 나라 애국가나 되는 것처럼 모일 때 마다 목놓아 부르며 눈물을 글썽이고 독립을 열망했던 것이다. 베르디는 이 오페라를 통해서 이탈리아 독립과 통일 운동의 중심인물이 되었다.

홍련의 초상화를 찬찬히 들여다보고 있던 내 머릿속에는 갑자기 시편 137편, 바벨론 어느 강가에 앉아서 잃어버린 조국을 그리워하는 영상과 함께 히브리 노예들의 합창, 그 처연하고 장엄한 합창곡이 울려 퍼지고 있었다. 일제에 의하여 조국을 잃어버린 백성으로서 홍련의 처지가 바로 히브리 노예들이 처한 심정과 같을 것이라는 생각이 들었다.

시편 137편을 모티브로 하여 베르디가 히브리 노예들의 합창을 작곡했듯이 나는 '홍련의 노래'라는 제목으로 시조를 짓고 싶었다. 즉시 창작에 들어갔다. 첫수는 홍련이 처한 현실 즉 죽고 싶은 홍련의 심정을 노래하도록 하고, 둘째 수에서 나라를 빼앗기기 전 장안에서의 좋았던 시절을 회상한 것으로 하였다. 셋째 수는 광복의 소망을 노래하도록 구상했다.

나라 잃은 백성들 가무(歌舞)를 놓았건만
오얏꽃 꺾어 든 자 함께 노래 부르잔다
짙푸른 남강 물위를 아, 잠들고 싶구나.

육백년 한양 성에 달그림자 아련하고
장안에 풍악이며 꽃잎 풀풀 흩날릴 때
조선의 한량 선비와 시 한 수도 홍겨웠다.

내 영혼아 은빛 날개 반짝이며 훨훨 날아
목멱산 청솔 위에 푸른 꿈을 노래하자
언젠간 기필코 오리라 이 강토에 봄날이

오얏꽃은 대한제국을 상징하는 꽃이다. 조선을 상징하는 꽃인 것이다. 목멱산은 지금 서울 남산 이름이다.

착오와 거짓

잠실4동장에 부임하는 날이었다. 사무실에 도착하여 직원들과 악수를 나누며 첫 대면인사를 하고 동장실로 들어와 자리에 막 앉을 때였다. 사무장이 수첩을 들고 따라 들어오면서 긴급히 보고드릴 사건이 있다고 말했다. 사무장의 보고에 의하면 지금 크로바아파트 주민들 몇십 명이 구청에 쳐들어가기 위하여 모였다는 것이다. 소위 데모대가 모였다는 것이다. 데모대 주장은 아파트 앞길 건너에 빌딩 건축 공사가 진행되고 있는데 높은 빌딩이 완공되면 빌딩에서 아파트 실내가 들여다보일 염려가 있어 구청에 건축 허가를 철회하도록 요구한다는 것이다.

크로바아파트는 바로 구청 사거리에 붙어 있는 단지로 구청에서 대각선 방향에 있다. 지금 데모대가 아파트 관리사무소 앞 광장에 모였다는 것이다. 길 하나 건너면 바로 구청인데 긴급 상황이었다. '취임하자마자 이 무슨 사단인가!' 사무장을 대동하고 급히 현장으로 갔다. 가면서 어떤 사람이 집회를 주도하고 있는지 물었다. 통친회장(統長親睦會長)이 앞에서 이끌고 있다는 것이다. 그분은 초등학교 교장까지 역임하시다가 정년퇴임하셨고, 연세가 좀 많으시고 점잖으신 분이라는 것이다. 일단 주민들 다수가 구청에 항의해야 한다고 주장하고 나서는

데, 통친회장 입장에서 어쩔 수 없었을 것이라는 것이다.

우리가 현장에 도착했을 때 200여 명의 주민들이 도열하여 모여 있었고, 주민들 앞에서 통친회장이란 분이 마이크를 잡고 무슨 말씀을 하시고 있었다. 말씀을 하시다가 우리가 다가가는 것을 보고는 "마을의 어른이신 새 동장님이 오셨다"고 소개하면서, 내게 마이크를 넘겼다. 연세 많으신 교육자이신지라 동장이 무슨 동의 대표자나 되는 양 지나치게 높여 부르면서 예의를 갖춰 소개했다.

나도 마이크를 잡고 통친회장의 소개 말씀에 대응되는 인사말로 시작했다. "저는 직위(職位) 명칭(名稱)이 동장(洞長)이지 장(長) 자(字)가 붙었다고 동장이 동을 대표하는 사람은 아니고, 학교장을 역임하신 통친회장님이나 여기에 모인 주민 여러분이 이 동의 주인이십니다. 그리고 이렇게 아파트 앞에 갑자기 높은 빌딩이 들어서니 기분이 안 좋을 건 당연하고, 이 동장이 주민들 앞장서서 주민들 편에 서서 주민들을 돕겠습니다."라고 통장과 주민들을 치켜세우는 말로 부임인사를 대신했다.

그리고 "우리가 갑자기 구청으로 쳐들어가면 구청장에게 우리 주민들의 뜻이 바르게 전달될 수 있겠습니까? 구청장에게 바른 정보를 사전에 말씀 드려서 올바른 판단을 할 수 있도록 도와 주고 그 다음 구청장의 생각을 우리 주민들이 들어야 합니다. 구청장은 건축 관련 민원을 판단함에 있어 해당 과장이나 국장의 의견도 들어 봐야 합니다. 그러니 오늘은 여기서 주민 대표자를 뽑아 주시면 그 주민대표와 통장 몇 분 이렇게 주민대표들이 구청장을 면담토록 제가 주선하겠으니 오늘 모임은 이것으로 해산토록 합시다."라고 설득했다. 그러자 주민들은 내 이야기가 타당하다는 듯 어느 한 사람 이의를 다는 사람 없이 해산에 동의해 주었다.

이렇게 그날 구청으로 곧 쳐들어갈 것처럼 다소 격앙된 주민들이었지만 다행히 쉽게 해산시킬 수 있었다.

며칠 후 통장과 동 대표 몇 분이 주민대표로 선정되었다고 통보해 왔다. 그리고 이분들과의 회의를 통하여 그동안 주민들이 집단 항의에 들어가기까지의 경과와 주민들의 요구사항 등을 면밀히 파악하고, 주민 요구사항 관철 가능 여부도 검토하였다. 민원의 핵심 내용은 새로 신축되는 빌딩이 올림픽로를 사이에 두고 건립되기는 하지만, 빌딩에서 아파트 실내가 들여다보일 염려가 있다는 것이다. 주민들 입장에서 그렇게 염려할 수 있겠구나 하는 생각이 들었다.

집단 민원의 성격과 내용이 파악되었으므로 곧바로 처리방침을 세웠다. 통친 회장을 대동하고 구청장실로 가서 집단민원 처리방침을 보고 드렸다. 보고즉시 그 자리에서 주민대표와 구청장과의 면담 일정을 잡았다. 그리고 통친회장과 함께 건축과에 들러 주민대표들의 구청장실 방문 일정을 통보하고, 이에 대비하도록 건축과장에게 알려 주었다.

그때 건축과장은 나보다는 많이 젊은 사람이었다. 매주 한 번씩 열리는 간부회의나 복도를 오고 갈 때 서로 마주친 적은 있지만, 개별적으로 만나 이야기를 나눈 적은 한 번도 없는 분이였다. 건축과장은 크로바아파트 주민들이 구청장실로 방문한다는 통보를 듣고는 다소 흥분되고 격앙된 어조로 건축허가에 법적으로 아무 문제가 없다고 항변하기 시작했다. 그리고 동장이 집단민원에 동조하고 앞장서는 데 대하여 못마땅하는 투로 말하였다. 건축과장은 동장이라는 위치와 역할에 대하여 이해가 부족한 것 같았다.

동장은 관내 주민이 일으키는 소위 데모에 대하여 수습해야 할 우선 책임이 있다. 또 다수 주민이 가지고 있는 집단민원을 해소시킬 책임이 있는 것이다. 그리고 민심을 정확히 파악하여 구청 수뇌부에 전달하고, 일정 부분 관할 주민의 의견을 대변할 수도 있는 것이다.

내 경험에 의하면 민원문제 해결의 첫 걸음은 민원 해결기관의 최고 책임자가 민원인의 이야기를 충분히 경청해 주는 것이었다. 민원인이 자기가 하고 싶은 이야기를 충분히 말하게 하고, 기관장이 잘 경청하면 민원의 절반은 해결되는 것과 마찬가지였다. 그리고 민원인의 입장에서 생각해 보고 진정성을 보이는 것이다.

젊은 건축과장은 전형적인 공무원의 입장에서 민원을 대하고 있었다. 이번 빌딩 건축 민원에 대해서도 건축허가가 불법으로 허가되었다고 말하지는 않았다. 어느 과장이나 구청장이 구청 앞에 버젓이 불법으로 건축을 허가하겠는가? 건축 허가가 합법이든 불법이든 민원인은 피해나 피해의식을 가질 수 있는 것이다. 법과 행정에 전문 지식이 없는 대다수 주민은 건축 허가 당국을 압박하고 민원의 해결을 위하여 불법이란 용어를 쓸 수도 있을 것이다.

건축과장은 크게 2가지 측면에서 잘못 판단하거나 오해하고 있었다. 아파트와 건축 허가된 빌딩이 멀리 떨어져 있어 피해가 없는데도 불구하고 주민들이 돈을 뜯어내려고 거짓말을 하고 있다는 것이다. 그리고 건축허가에 불법이 없는데도 불구하고 주민들이 거짓 주장하고 있다는 것이다.

나는 건축과장이야말로 큰 오해와 잘못을 범하고 있다고 생각했다. 착오와 거짓을 구분하고 있지 못한 것이다. 거짓은 말하는 사람이 甲을 甲으로 인식하면서 乙로 주장하는 것을 말한다. 그러나 착오(錯誤)는 甲을 乙로 잘못(착오) 인식하고 乙로 주장하는 것을 말한다. 착오는 말하는 사람의 인식의 문제이지만 거짓은 거짓말 즉 말하는 사람의 도덕적인 문제다. 개개의 사람이나 민원인은 거짓을 말하는 사람도 있을 수는 있을 것이다. 그러나 다수의 민원집단이나 주민을 거짓말 하는 나쁜 사람들로 매도해서는 안 된다는 것이다. 한 가지 같은 사안을 두고 "당신들은 잘못 알고 계십니다."라는 말과 "당신들은 거짓말하고 계십니다."라고 공무원이 말했을 때 주민들이 어떻게 받아들이겠는가!

이후 크로바 아파트 주민대표들은 구청장실을 방문하여 자기들의 의견을 충분히 말했고, 구청장은 민원인들의 의견을 잘 들으셨다. 또 구청에서 할 수 있는 일과 할 수 없는 일도 많다는 것을 충분히 설명했다. 아무리 구청에서 적법하게 허가 하였더라도 주민에게 피해가 있다면 건축주에게 피해 보상을 요구할 수 있는 것이고, 합의가 안 되면 사법적 절차에 따라 피해 보상을 받을 수도 있을 것이다. 또 사법적 절차에 앞서 당사자 합의 과정에 구청에서 조정자 역할을 할 수도 있다.

나는 구청의 조정자 역할에 동장이 직접 참여하겠노라고 다짐해 주었다. 그리고 이 진행과정을 반상회 등을 통해 전체 주민에게 설명해 주도록 했다. 그리고 아파트와 빌딩이 다소 멀리 떨어져 있어 일조권은 물론 조망권 피해를 주장하기에는 무리가 있다고 설명해 주었다. 다만 아파트 거실이 들여다보일 수 있다는 주장에 대하여는 그럴 수 있겠다고 판단하고 실제 빌딩에 올라가 건너다볼 수 있도록 주선하였다.

아파트 동별로 주민들을 뽑아서 낮과 밤 즉 거실에 불을 켜두고 빌딩에 가서 아파트 쪽을 건너다보도록 하였다. 그리고 건축주에게는 빌딩 유리창을 못 열게 하거나 가림막 설치를 검토해 보도록 요구했다. 또 빌딩과 대면하고 있는 아파트 세대에 한하여 커튼이나 칼라 유리로 시공해 주는 방안 등을 제시하기도 했다. 주민 모두가 동의한다면 아파트의 다른 시설로 대체 시공해 주는 방안도 검토하도록 동 대표들에게 요구하기도 했다. 어쨌든 크로바아파트 집단민원은 큰 문제없이 해결되었고, 그날 이후 주민들이 모여 항의 집회를 하거나 구청으로 몰려가는 일은 벌어지지 않았다.

멋진 그림

키 작은 다복솔이 온통 뒤덮이고 푸르른 바다를 끼고 있는 끝없이 이어진 새하얀 모래밭, 봄이면 온통 붉게 피어나는 산기슭의 진달래들, 명사십리 해당화보다 더 화려한 해당화, 이것이 소년 정주영 뇌리 속에 그려진 고향의 그림이다. 17세의 소년 주영이는 아버지의 소 판 돈 70원을 들고 집을 나섰다. 1998년 6월, 83세의 현대그룹 명예회장 정주영은 소 500마리를 끌고 지난날 소 한 마리의 빚을 갚으려 꿈에도 그리던 고향 통천을 찾아 나섰다.

정주영 회장은 노태우 정부 때인 1989년 1월 소련을 첫 방문하여 한·소 경제협력위원회를 만들었다. 그리고 10일 후인 1989년 1월 23일 일본 평양 간 항공편을 이용하여 평양을 방문하고, '금강산 관광개발 및 시베리아 개발과 원동지구 공동 진출에 관한 의정서'를 체결하여 남·북·러 가스관 연결사업을 추진할 수 있는 기틀을 마련해 놓았다. 그리고 1990년 6월 소련을 다시 방문, 시베리아 개발계획을 논의하였고,9월 30일에는 한·소 국교 정상화가 이루어졌다.

1998년 2월 25일 김대중 정부가 출범하였다. 정부와 기업, 온 국민이 힘을 합해 금 모으기를 추진하는 등 IMF 극복에 온 힘을 기울이고 있었다. '한반도 허리 가로질러 드리워진 군사분계선, 철책을 짓밟고 넘어

뚜벅뚜벅 걸어가는 500마리의 소 떼 행렬, 십리 길도 더된 장관이다. 회색 코트에 흰색 중절모, 얼굴마저 투박한 83세 상노인, 선두 소 한 마리 고삐 잡고 고향 들녘 향해 간다.' 이것이 세계 사람들 머릿속에 그려진 멋진 그림이다.

소 떼몰이 방북은 한반도 냉전을 깨뜨리는 역사적 사건이었다. 영국 일간지 Independent지는 "미국과 중국 간 핑퐁외교가 세계 최초의 스포츠 외교였다면, 정주영 회장의 소 떼몰이 방북은 세계 최초의 민간 황소외교"라고 평가하였다. 프랑스 문명비평가 기소르망은 "20세기 마지막 전위예술"이라고 격찬하였다.

1차 방북 4개월 뒤 2차 소 떼몰이 방북은 11월 금강산 관광으로 연결되었다. 당시 미국이 북한의 금창리 지하 핵시설 의혹을 제기하고, 북한이 8월에 대포동 미사일을 발사하면서 급격히 뜨거워진 한반도 안보 위기는 소 떼 울음소리에 잠시 멈추는 듯했다.

소 1001마리, 소를 실고 간 트럭, 사료까지 다 포함하여 이 멋진 그림 그리는 데 현대가 투여한 비용은 41억7천700만 원이었다고 한다. 우리 서민에게는 큰 돈이지만 현대재벌 정주영 회장에게는 껌값이다. 그럼에도 정주영 회장만이 그릴 수 있는 멋진 그림이었다.

소 떼가 몰고 온 훈풍은 금강산 관광으로 이어졌고, 그토록 불가능하게만 보였던 통일이 눈에 보이는 듯하였다. 당시 '통일이 언제 될 것 같으냐'는 설문에 10년에서 20년 사이라고 답한 국민이 절대 다수일 정도로 우리 국민들은 통일에의 꿈에 부풀어 있었다.

그때 그 감격, 지금 생각해도 가슴 뛰는 멋진 그림이었다. 그러나 안타깝게도 이 멋진 그림에 붉은 색으로 먹칠을 하여 망가뜨리는 데는 그리 오래 가지 못했다.

2013년 남한의 국민총생산은 이북의 42.6배, 1인당 국민소득은 20.8

배, 매년 이북보다 몇십 배의 국방예산을 투입하고도 잔뜩 겁에 질려 있는 보수 정권의 눈에는 이 멋진 그림도 명화로 보이질 않았다.

남북간의 관계가 파탄나고, 통일에의 기대가 저 멀리 가버린 지금 다시 멋진 그림을 그릴 새 민족의 지도자를 기다려 본다.

촛불

2016년 10월 29일 광화문광장에서 첫 촛불집회가 열렸다. 박근혜 대통령은 최순실과의 국정농단사태에 대한 책임을 지고 즉각 하야하라는 것이다. 첫 집회에는 3만여 명이 참여하였고, 6차 집회에는 무려 232만 명이 참가하였다. 12월31일 제10차 집회까지 1000만 명 이상이 참가하였다고 주체측은 발표하였다.

집회는 매주 토요일 밤 광화문광장에 모이는 것으로 시작되었다. 광장에 모인 군중은 정해진 시간이 되면 여러 가지 구호를 적은 피켓이나 플래카드를 들고 구호를 외치면서 일정 구간 도로를 따라 시가행진을 하였다. 시가행진이 끝나면 다시 광화문 광장에 모였다. 어느 누군가는 연단에 올라 격정적인 자유 발언을 하거나 퍼포먼스도 하고, 연예인들이 무대 위에 올라 노래도 불렀다. 행사 주체는 수십 개의 시민단체들이 서로 소통하면서 자연스럽게 만들어져 갔고 처음부터 특정 단체가 주관하지는 않는 것 같았다.

집회 때마다 국내 TV방송 채널들이 경쟁하듯 집회 장면을 열심히 생중계하였다. 외국 언론들도 취재에 열을 올리며 집회 소식을 자국에 알렸다.

이번 집회는 수십 개 시민단체들이 참가하고 있지만 학생들이 많이 참가하고 있는 것이 특징이다. 중고등학교 어린 여학생들이 많이 눈에 띄었다. 최순실의 딸 정유라의 이화여대 부정입학 논란 때문인 것 같다. 이들 어린 학생들은 경찰과 시위대가 마주치는 대치 선상에 끼어 서서 돌출행동을 하려는 시위자를 말리고, 경찰을 향해서도 과잉 대응을 자제토록 호소했다. 조그마한 과격행동에도 큰 불상사로 폭발할 것 같은 긴장감이 감돌았다. 학생들은 폭력반대와 평화 시위를 외쳐대고, 집회가 끝나면 쓰레기를 모아 치우는 등 뒷정리까지 했다. 언론도 시위 현장을 생중계하면서 비폭력 평화 집회를 당부하였다.

10월 29일 1차 집회와 12일 3차 집회까지는 또 어떤 불상사가 일어나지 않을까 온 국민이 걱정을 많이 했다. TV를 바라보는 나도 조마조마 걱정이 되었다.

과거에는 집회가 있을 때마다 수많은 경찰이 동원되고, 집회 참가자 중 일부는 언제나 과격한 행동을 하였다. 이에 대하여 경찰은 과잉 대응을 하였다. 집회 주체측은 늘 통제 불능상태에 빠져서 집회 신고할 때의 질서유지 약속을 지키지 못했다.

그래서 지금까지의 종전 집회는 늘 시끄럽고 문제가 생기고 그랬었다. 그러나 19일 4차 집회 때부터는 완전히 달라졌다. 폭력이 없는 질서 있는 집회가 정착되어 가고 있었다. 기적이 일어나고 있는 것이다. 법원의 젊은 판사들도 집회 범위를 판단해 주면서, 집회 시민을 믿고 이들의 요구를 가급적 들어 주었다. 경찰도 최대한 인내하고 자극적인 대응을 자제하였다.

외신들은 우선 집회 참여 숫자에 놀라고, 폭력이나 경찰에 연행된 사람 한 명 없이 질서 있는 평화 집회를 보면서, 직접 민주주의 꽃이라고 감탄과 찬사를 아끼지 않았다.

박근혜 대통령 즉각 하야 촉구 집회의 수많은 참가자 숫자는 결국,

12월 9일자 국회에서 여야가 함께 탄핵소추안을 통과시키는 데 기여하였다.

세계 언론은 이상한 여자 최순실과 박근혜 대통령에 의한 대한민국 국정농단사태는 소위 문명화된 20세기에는 유례가 없는 사건이라고 보도하였다.

그러나 독일 공영방송 도이체 벨레는 희대의 비밀스러운 측근 부패 스캔들에 휩싸인 박근혜 대통령을 탄핵 심판대에 올린 광화문광장의 비폭력 평화시위를 '올해의 좋은 소식'으로 선정 보도했다.

최순실과 박 대통령이 대한민국의 국격을 세기적 웃음거리로 만들어 놓았으나, 촛불집회 참가 젊은이들이 우리나라 국격을 훌륭한 국민으로 다시 높여 놓은 것이다. 집회 주관단체, 집회 참가자, 언론, 경찰, 법조인 등 모두가 협력하여 이루어낸 성과라면 성과물이었다.

7차 집회 때의 일이다. 박근혜 정권퇴진 비상국민행동은 이번 7차 집회는 100만 명이 넘게 참가할 거라고 주장했다. 그때 갑자기 나도 한 번은 참가해야 하지 않나 하는 무슨 의무감 같은 생각이 가슴을 뜨겁게 했다. 어쩌면 역사적인 사건, 비폭력 명예혁명 같은 것이 되지 않을까 하는 예감이 들었다. '그렇다면 역사적인 사건 현장에 내가 당연히 참석해야지!' 당장 가까운 친구에게 전화를 걸었다. 이번 촛불집회에 함께 참가하자고 부추겼다.

그 친구는 "자네 나이를 생각해 보라고! 참으시라고! 태극기 집회나 참석하라고!" 하고 놀려댔다. 그래도 내 핏속 혁명의 DNA가 요동을 쳤다.

어느 도시에서는 촛불집회에서 뮤지컬 영화 〈레미제라블〉 주제곡 〈Do you hear the people sing〉를 불렀다고 한다. 몇 년 전에 이 영화를 보러 갔다가 이 영화의 마지막 장면에서 불렀던 이 합창곡을 들으면서, 퍽이나 감동했던 기억이 되살아났다.

> 너는 듣고 있는가! 분노한 민중의 노래/ 다시는 노예처럼 살수 없다 외치는 소리/ 심장 박동 요동쳐 북소리 되어 울릴 때/ 내일이 열려 밝은 아침이 오리라.

이 음악 속에는 혁명군의 분노와 바리게이트를 향해 돌진해 가는 대규모 군중의 힘과 분노가 느껴졌었다. 그러나 2016년 12월 서울 광화문광장 촛불집회는 대단히 평화로워 보였고 무슨 축제 같았다. 그래서 나도 참여하고 싶었던 것이다.

촛불은 조용히 어둠을 밝힌다. 촛불은 약간의 큰 몸짓에도 꺼지고 말 것이다. 촛불은 폭력을 거부하며 평화를 사랑한다. 그럼에도 촛불은 어느 때부터 빨갛게 색칠해져 빨갱이로 불렸다.

우리네 어머니들은 이른 새벽 촛불을 켜놓고 가족의 건강을 빌었다. 1974년 명동성당에서는 촛불을 켜들고 이 땅에 민주주의를 소망했다. 미선이 효순이가 죽었을 때에도 미군 병사들은 교회당에 모여 촛불을 켜들고 이들의 명복을 간절히 빌었다. 그러므로 촛불은 소망이요 어둡고 가난한 자를 향한 사랑의 표현이다.

우리는 이 땅에 진정한 민주주의와 정의가 살아 숨쉬는 국가가 되기를 열망한다. 광화문광장의 촛불은 우리 대한민국의 힘이요 민주주의 표상이다.

신년 새해 탄핵이 결정되면 대한민국 이 땅에 깊게 드리워진 어둠이 걷힐 것이다. 우리 자유 대한민국의 헌법이 살아 작동하는 것이 확인되는 순간, 분노한 민중의 노래가 아닌 밝은 내일을 향해, 무자비한 군화 발자국 대신 경쾌한 신사숙녀 의 발자국 소리로 땅을 치며 승리의 행진곡을 부를 것이다.

‘친구여! 그날에 함께 가자! 저 맑고 순결한 젊은이들과 어깨동무하며 축제의 노래를 함께 부르려 가자! 그대가 우리 대한민국 민주 발전을 열망한다면 그날에 망설이지 말고 함께 갔으면 좋겠다. 우리들의 생애에 언제 이런 날이 다시 오겠는가!’

우리가 육체는 비록 늙어 가지만 정신은 아직 살아 있음을 보여 주고 싶었다. 비틀거리는 민주공화국 대한민국에 다시 생기를 불어넣고 싶었다. 저 넘실대는 광화문 광장의 자유의 물결과 힘을 보라. 어느 누구가 감히 우리 대한민국을 넘볼 수 있겠는가.

대한민국의 국법에 따라 질서 있게 참으로 이상한 사람들이 물러가면 우리 대한민국은 다시 힘차게 달려 나아갈 것으로 믿어 의심치 않는다.

불쌍한 사람들

5·18민주묘지를 참배한 것은 2007년 10월이었다. 5·18광주민주화운동이 일어난 지 27년만이다. 광주민주화운동과 직접 관련된 것은 없지만, 한 번은 꼭 묘지를 방문하여 참배하여야 한다는 의무감 같은 생각을 가지고 있었다. 광주에서 일어난 참상을 나의 두 눈으로 똑똑히 확인하고 싶었다. 희생된 분들을 위로하고 그분들의 분노와 아픔을 함께하고 싶었다. 그러나 내가 용기를 내서 5·18묘지 앞에 발을 들여놓기까지는 무려 27년이란 세월이 흘렀다. 늦어도 너무 늦은 참배였다.

그날도 초등학교 동문 아들 결혼식에 참석하고 서울로 돌아오는 길이었다. 차를 몰고 호남고속도로 동광주 진입로를 찾다가 5·18민주묘지 안내간판을 보게 되었다. 그날은 꼭 5·18영령들 앞에 참배하고 싶은 생각이 들었다. 차 핸들을 급히 우측으로 꺾어 동문대로로 들어섰다. 동문대로를 따라 얼마쯤 가다가 석곡동주민센터 앞 삼거리에서 좌회전하니 거기서부터 바로 민주묘지 가는 길이었다. 노랗게 물들은 가로수 잎들은 석양의 햇살을 받아 가볍게 흔들리고 있었다. 얼마 가지 않아서 금방 5·18묘지입구 삼거리가 나왔다. 좌측방향으로 조금 가면 망월동 구 묘지며 우측이 5·18민주묘지라는 안내간판이 서 있었다.

차를 주차장에 세우고 차에서 내렸다. 검은색 정장과 검정구두에 넥타이를 매만져 참배 복장으로 가다듬었다. 민주문을 통과하여 민주광장으로 걸어 들어갔다. 다시 추념문을 지나서 참배광장으로 나아갔다. 해는 서산에 걸려 있고 광장엔 키 큰 나무 그림자만 길게 드리워져 있을 뿐 아무도 없었다. 5·18영령들은 옛날에도 외로웠고 지금도 여전히 외롭고 쓸쓸하였다.

추모제단 앞에 서서 조용히 고개를 숙여 두 손을 모았다. 27년의 세월들이 주마등처럼 내 머릿속을 스쳐지나갔다. 계엄군의 총칼로 아비규환이 된 금남로의 참담한 모습이 생생하게 다가왔다. 참았던 회한이 복받쳐 올라왔다. 두 손으로 얼굴을 감싸고 참회의 눈물을 쏟아냈다. 내가 좀 더 일찍 찾아와 참배하지 못한 것이 죄스러웠다. 불의의 세력에 항거하다가 희생된 이분들과 함께하지 못한 것이 부끄럽고 후회될 뿐이었다.

5·18민주화운동이 시작된 것은 1980년 5월 17일 비상계엄이 전국으로 확대되면서부터였다. 이날 24시를 기하여 7공수여단이 전남대학교와 조선대에 각각 투입되었다. 5월 18일에는 이들 공수부대가 광주 시내로 진출하여 무자비하게 시위 진압작전을 펼쳤다. 5월 19일에는 11공수여단이 광주시내에 추가 투입되어 진압작전을 펼쳤다. 5월 20일에는 3공수여단이 투입되었다. 광주MBC가 이날 불탔다. 공수부대는 시위군중을 향해 발포하기 시작하였다. 5월 21일에는 전남도청 앞 금남로에서 시위군중을 향해 무차별 발포가 있었다. 이에 대응하여 광주시민이 예비군 무기고의 총기를 탈취하여 무장하였다. 소위 광주시민군이 탄생한 것이다. 5월 27일, 계엄군은 전남도청을 점거하고 항거하던 시민군을 거침없이 사살하고 진압을 완료하였다. 이렇게 5월 17일부터 5월 27일까지 11일 동안 일련의 광주 시내 시위진압 과정을 당시

에는 '광주사태'로 불렸다.

지금까지 5·18민주화운동과정에서 희생된 숫자는 사망자 166명, 행방불명자 54명, 상이후유 사망자 376명, 부상자 3139명으로 밝혀졌다. 행불자 54명도 사망한 것으로 추정하면 596명의 시민이 죽어나간 것이다. 희생자 중에는 시위와 무관한 부녀자와 어린아이들까지 상당수가 포함되어 있었다.

5·18 당시 나는 구로구청 총무과에 근무하고 있었다. 영등포구에서 4월 1일자로 분구하여 개청한 구로구는 구(區) 행정의 틀을 새로 잡아가는 데 여념이 없었다. 뉴스 시간에 TV방송으로 광주사태 소식을 들었다. 어느 날에는 시위대가 무장을 하여 시민군으로 조직되었고 많은 광주시민이 가담하고 있다는 소식도 들려왔다. 서울에서 광주 연고자나 민주화를 주장하는 사람들이 광주사태에 동참하고자 고속버스를 타고 광주로 내려가고 있다는 뉴스도 흘러나왔다. 계엄군이 호남고속도로를 가로막아 외부 사람들이 광주로 들어가는 것을 막고 있다는 뉴스도 계속되었다.

사무실 직원들은 내가 어떻게 하는지 나를 주목하는 것 같았다. 직원들의 시선을 느낄 수 있었다. 총무과 직원 30여 명 중 광주지역 연고자는 나를 포함하여 한두 명에 불과하였다. 내 마음도 착잡하기 이를 데 없었다. 고향에서 난리가 일어난 것이다. 신 삼국시대가 도래한 것 같은 생각이 들었다. '처자식들 생각하여 고향을 버리고 불의의 편에 서야 하는가! 아니면 시위대에 앞장서는 젊은이들처럼, 공무원 신분도 내던지고 분연히 일어나, 정의의 편에 서야 하는가!' 용기 없는 나는 늘 햄릿이었다.

소위 광주사태가 진행되는 동안은 물론 전두환 정권이 집권하는 동안 언론은 입을 다물었다. 당시 보안사 통제를 받던 언론은 광주시민을 "불순분자와 폭도들의 난동"으로 보도하면서 북한의 지시에 의하여 이루어졌다는 말도 안 되는 소리를 앵무새처럼 지껄였고, 지금도 극우세력은 이런 주장을 퍼뜨리고 있다. 대다수 지식인도 눈을 감았다. 공무원 집단은 집권세력이 시키면 시키는 대로 불법이든 불의든 로봇처럼 행하는 영혼 없는 사람들이었다. 종교 지도자들도 무슨 조찬기도회나 열면서 불의의 세력을 용인하거나 묵인하였다. 광주사태를 거론하는 것조차 금지되었고 불순하게 여겼다. 오직 소수의 종교지도자와 정치인, 피 끓는 젊은 학생들만이 불의 앞에 항거하고 몸부림치다가 감옥에 갔다.

광주사태가 발생한 지 10년 후인 1990년에야 '5·18민주화운동관련자보상 등에 관한 법률'를 제정하여 희생자들에게 보상을 실시하였다. 2002년에는 5·18민주유공자예우에관한법률을 제정하여 그동안 '광주사태'로 불리던 것을 '광주민주화운동'으로 정의를 내렸다. 그리고 "5·18민주화운동은 대한민국의 민주화와 인권신장에 크게 기여하였다."고 대한민국 국회가 법률로 5·18민주화운동의 의미와 가치를 부여하였다. 그러나 아직도 민주화운동을 폭도라 부르고, 광주 시민이 북한의 지령을 받아 일으킨 무슨 반란 정도로 보는 상식 이하 수준의 사람들도 존재하고 있는 실정이다.

나 역시 불의를 보고도 말 한마디 못하였다. 일선 공무원으로서 전두환 정권의 탄생을 도왔다. 나의 양심과 정의감은 늘 잠들어 있었고 행동하지 못하였다. 나는 언제나 햄릿이었고 비겁자였다.

5·18민주화운동으로 직접 희생을 당하신 분들, 불의를 보고도 그분들의 희생에 동참하지 못해 후회하고 애통해 하는 사람들과 정권욕에 사로잡혀 불의에 앞장섰다가 우리 역사 앞에 죄인으로 기록된 사람들,

이들 불의의 세력에 동조하거나 묵인했던 사람들, 이 모든 사람들은 자비와 사랑의 눈으로 보면 치료받고 용서받고 위로받아야 할 불쌍한 사람들이었다.

에덴으로 가고 싶다

100세 시대에 갓 칠순을 넘긴 나이면 그렇게 많은 나이는 아닌데 눈이 침침하고 글자가 흐릿하게 보인다. 책 읽기가 부담스럽다. 그래도 하루에 성경 한 장씩은 읽으려 애를 쓰고 있다. 오늘은 창세기 2장 에덴동산 창설에 관한 성경말씀을 읽었다.

"여호와 하나님은 에덴의 동쪽에 아름다운 동산을 만드셨다. 동산에는 갖가지 아름다운 나무를 자라게 하시고 맛있는 과일도 열리도록 하셨다. 그리고 비손 기혼 티그리스 유프라테스 등 네 강을 만들어 물이 굽이쳐 흐르도록 하셨다. 그 다음 땅의 티끌로 만든 사람 곧 아담을 거기 에덴동산에 살게 하셨다."

에덴은 태초에 우리 인류의 조상 아담이 탄생한 땅이며 순진무구한 아담은 하나님아버지와 함께 거기 에덴동산에서 아무 근심걱정 모르고 살았었다. 에덴은 우리 모든 인류의 본향이다. 그리고 언젠가는 기필코 돌아가야 할 고향이었다.

에덴동산에 관한 성경말씀을 읽으니 내가 태어나고 자란 고향땅이 불현듯 그리워진다. 지도에 지금은 나주호라 파랗게 표시된 나의 고향땅, 옛적엔 동쪽 하마산, 서쪽의 깃대봉과 호봉, 남쪽의 국사봉과 북쪽 마봉이란 산봉우리와 능선으로 둘러싸인 사시사철 푸르고 꽃이 만발

한 아름다웠던 산야였다. 논밭으로 이루어진 들녘에는 행산, 덕림, 궁원 등 세 하천의 물이 대초천으로 흘러들어왔다가 북쪽으로 빠져나갔다.

여호와 하나님은 아담을 위하여 에덴동산에 공중에 나는 새들과 물에서 번성하는 갖가지 물고기와 땅에 기어다니는 것과 가축들과 들짐승도 만들어 주셨다. 그리고 아담으로 하여금 이들 피조물을 지배하면서 함께 살아갈 수 있도록 축복해 주셨다. 아담은 에덴동산에서 여호와 하나님과 함께 아무 부끄러움 모르고 평화롭게 살았다.

나주호가 되기 전 내가 살던 고향 산천의 사계는 참으로 아름다웠다. 봄날의 들판엔 하얀 망초꽃들과 이름모를 온갖 백합화로 가득차 있었다. 마을 주변 산골엔 고향의 봄 노랫말처럼 울긋불긋 꽃대궐이었다. 옆산에도 앞산에도 진달래 꽃동산이었다. 신록의 계절, 5월 동구 밖 논밭엔 자운영꽃 만발하고 바람이 스쳐 가는 보리밭은 푸른 초장이었다. 천고마비의 계절 들녘은 황금물결 일렁이고, 앞산 뒷산 산골마다 빨간 단풍으로 불탔다. 겨울날엔 하얀 눈이 뒷동산 소나무 위에도 쌓이고 바윗돌 위에도 쌓였다. 마을 앞 논밭에도 쌓이고 들판에도 쌓였다. 초가지붕도 덮고 돌담 위에도 하얗게 쌓이니 온 세상이 온통 설국처럼 아름다웠다.

하나님 아버지의 보호 아래 행복하게 살던 아담은 자기의 분수를 모르고 창조주같이 되고자 하는 욕심을 부렸다. 결국 우리 인류의 조상 아담은 에덴동산으로부터 쫓겨날 수밖에 없었다. 에덴동산을 떠난 아담은 이마에 땀 흘려 평생 동안 수고해야 먹고 살 운명이었다.

우리 아버지께서는 내가 중학교를 졸업하자 고등학교를 서울로 유학하도록 허락하여 주셨다. 나는 청운의 부푼 꿈을 안고서 아버지가 계시는, 내게는 에덴 같은 고향을 떠나 살게 되었다. 그러나 객지에서 나의 삶은 늘 비바람 몰아치는 광야였다. 고향을 떠난 타향살이는 땀 흘려 열심히 일하고 다른 사람과 치열히 경쟁해야만 살아갈 수 있는 고달픈 삶이었다.

고등학교 진학을 위하여 서울에 도착하니 전기 모집 학교 입학시험은 이미 끝나 있었다. 어쩔 수 없었지만 그래도 후기 모집 학교 중 괜찮다는 학교를 선택하여 입학하였다. 학교 공부 성적이 썩 좋지 않아 마음고생을 많이 하였다. 고3 때는 잘 먹지 못해 걸린다는 결핵성 늑막염을 앓았다. 또 엎친 데 덮친 격으로 군 입대 영장까지 받았다. 참으로 고난의 시절이었다. 3년간 군 복무를 마치고 직장에 다니면서 대학도 졸업하고 대학원 과정도 이수했지만 젊은 날의 꿈과는 거리가 먼 학력이었다.

군에서 전역하자마자 서울시공무원 임용시험을 봐서 합격하였다. 9급 공무원부터 시작하였다. 그리고 34년을 성실히 근무하여 국가에서 인정한 모범 공무원이 되고 정년퇴직까지 하였다. 사무관이 되고 서기관 대우로 여래 해 근무하여 근정훈장도 받았다. 그러나 소위 만족할 만한 출세는 아니었다.

아담의 배필 이브는 하나님께서 아담을 위하여 직접 창조해 주셨다. 그러나 나는 우리 부모님 도움 없이 내 스스로 배우자를 선택하여 가정을 이루었다. 우리 부부 사이에 딸만 둘을 낳아 힘겹게 가르치고 길렀다. 우리 네 식구가 살아가는 데 필요한 집 한 채 마련하는 데 십수년이 걸렸다.

퇴직 후 노년은 살같이 빨랐다. 공무원퇴직연금으로 우리 부부 노후생활을 풍부하지도 않게 그러나 어렵지도 않게 꾸려 나가고 있다. 모든 것 내려놓고 몸과 마음 좀 쉬고 싶은데 여행길 떠날 채비하라는 신호가 자주 왔다. 집사람이나 나는 암이나 심장병 같은 금방 죽을병을 걸리진 않았지만 매일매일 먹는 약이 한 주먹이다.

타향살이가 힘들 때마다 에덴 같은 나의 고향이 한 없이 그립고 되돌아가고 싶다. 우리 가족은 하마산 산기슭 용곡이란 마을에서 살았다. 나는 1964년, 열여덟 살까지 고향마을에서 살았다. 에덴동산 같은 고향땅에서 부모님 모시고, 형제자매 까까머리 친구들과 아담처럼 아무 근심걱정 모르고 어린 날을 살았었다.

정월 대보름이나 추석 명절에 온 마을 사람들이 함께 모여 펼쳤던 농악놀이와 강강술래 놀이도 지금은 쉽게 찾아볼 수 없는 아름다운 농촌의 풍습이었다.

뒷동산에 둥근달이 높이 떠서 마을 하늘 밝게 비춰면 남녀노소 다 모여서 고깔머리에 소고 치고 꽹과리 치고 징 치며 집집마다 돌면서 신나게 농악놀이를 펼쳤다. 검은 치마 흰 저고리에 부녀자들도 다 모여서 손에 손을 맞잡고 빙빙 돌며 강강술래 노래를 불렀다. 지금도 눈 감으면 고향 하늘 저 멀리서 강강술래 노래 가락과 징 징 징 징소리도 아스라이 들려온 듯하다.

이 가을 갈대꽃 같은 내 흰머리가 바람에 나부낀다. 따스한 봄날의 내 고향 산천이 그립다. 진달래 꽃향기 짙게 풍기는 뒷동산에 하나님처럼 든든했던 우리 아버지 거기 영원히 누워 계실 터이니, 이제 나의 원초적 고향, 에덴으로 가고 싶다.

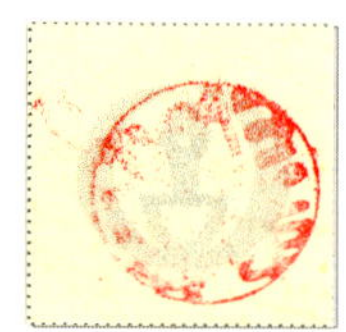

송태남 수필집_ 코리아를 사랑한 사람들

초판 인쇄 | 2018년 12월 26일
초판 발행 | 2018년 12월 31일

지 은 이 | 송태남
발 행 인 | 문효치
편집국장 | 김밝은

펴낸곳 | 사단법인 한국문인협회 月刊文學 출판부
주소 | 서울시 양천구 목동서로 225 대한민국예술인센터 1017호
전화 | 02-744-8046~7
팩스 | 02-743-5174
이메일 | klwa95@hanmail.net
등록 | 2011년 3월 11일 제2011-000081호
ISBN 978-89-6138-396-7 03810

값 15,000원